Buchs

KOSMOS

Katharina Adams

Buchs

KOSMOS

Inhalt

Gestaltung

Beliebter Buchs

Eine perfekt ge-schnittene Spirale aus Buchs ist der Mittel-punkt des Beetes.

ALLROUNDTALENT IM GARTEN

Buchsbaum ist nie wirklich aus der Mode gekommen, erlebt aber seit einigen Jahren eine echte Renaissance. Ob als Kübelpflanze im Formschnitt oder als Einfassung von Blumen-, Kräuter- oder Gemüsebeeten, er macht immer eine gute Figur und gibt durch seine immergrüne Gestalt auch dem winterlichen Garten die nötige Struktur. Zudem ist er anpassungsfähig und wächst problemlos, sowohl an sonnigen als auch an schattigen Standorten.

Eine streng geschnittene, hohe Hecke teilt den Garten in verschiedene Bereiche, ohne den Durchblick völlig zu versperren.

Trends der letzten Jahre, wie zum Beispiel das Interesse an fernöstlicher Gartengestaltung, hat dem Buchs zu neuen Aufgaben verholfen, denn er lässt sich vorzüglich in weiche, harmonische Formen schneiden. Auch im „pflegeleichten Garten" fällt dem Buchsbaum eine wichtige Rolle zu. Ungeschnitten wie auch geschnitten harmoniert er mit anderen Immergrünen. Ebenso vermag er Staudenbeete zu gliedern, ohne sich dabei in den Vordergrund zu drängen.

Die Ansprüche an den Nutzgarten haben sich grundlegend gewandelt. Besonders in den heutigen kleinen Gärten soll er nicht nur der Versorgung mit Obst und Gemüse dienen, sondern auch optisch attraktiv wirken. Mit Buchsbaum eingefasste Beete, in denen blühende Kräuter, Hochstämmchen mit Johannisbeeren, kombiniert mit einjährigen Sommerblumen für die Schnittblumengewinnung wachsen, sind immer hübsch anzusehen.

BUCHSBAUM HISTORISCH

Buchsbaum war bereits im Altertum eine beliebte Gartenpflanze. Genauso lange schon wird Buchsbaum in kunstvolle Formen geschnitten. Das älteste überlieferte Zeugnis hierüber liefert Plinius der Jüngere (61 bis 113 n. Chr.), der vom Garten seiner Villa Laurentinum berichtet. Dort wuchsen geschnittene Buchsbaumhecken und auch einzelne große Exemplare, die kunstvoll zu Tier- und Fantasiegestalten geschnitten waren.

In der Renaissance erlebten antike Bau- und Gartenelemente ihr erstes Comeback. In den Klöstern und herrschaftlichen Gärten wurden kunstvolle Knotengärten angelegt. Die komplizierten Muster aus Buchs, aber auch aus anderen Gehölzen wie Liguster oder Hainbuche, hatten immer auch symbolische Bedeutungen. In sich geschlossene, verschlungene Bänder standen zum Beispiel für die immer während Liebe.

Buchs in der Gartengestaltung

Die Kunst des Topiari, also des Formschnittes, wurde in der Renaissance zunehmend beliebt und zu höchster Perfektion geführt. Besonders im England des Tudor schnitt man Buchsbaum und Eiben zu lebenden Bildergeschichten, die dem Spaziergänger im Garten Zerstreuung und Freude bieten sollten.

Häufig wurden die freien Felder der Knotengartens noch mit kontrastierenden Blumen oder Kräutern bepflanzt. Eine solche Gesamtkomposition wurde als Parterre bezeichnet. Das Ziel war, eine Gestaltung gleich einem Gemälde zu schaffen, das durch Rahmen, wie beispielsweise aus Buchsbaum, an Ausdruckskraft gewinnt.

Im Barock waren derartige Parterres wichtigstes Gestaltungsmittel in der Gartenkunst. Die Einfassungsornamente wurden nun häufig mit farbigem Kies kombiniert. Die gewählten Muster waren meist symmetrisch, häufig bildeten sie den prunkvollen Rahmen für Fontänen und andere Wasserspiele. Einige dieser prächtigen Barockanlagen sind heute noch erhalten. Ein typisches Beispiel aus dieser Zeit ist der Große Garten in Hannover-Herrenhausen.

Ein Gestaltungsbeispiel für verspielte Naturen: Die brütende Hühnerschar hat sich zusammen mit den schon gelegten Eiern (im Eierbecher!) im Kreis versammelt.

Über dem dichten Teppich aus Buchs erheben sich Stämmchen mit kugelig geschnittener Eibe.

EINFLÜSSE DES ENGLISCHEN LANDSCHAFTSGARTENS

Auf die Periode der streng formalen Lustgärten folgte eine Gartengestaltung, die diese als zu künstlich ablehnte. Das neue Ideal war die Nachahmung natürlicher Landschaften mit Baumgruppen, Gewässern und modellierten Grasflächen, die von kleinen, antiken Vorbildern nachempfundenen Bauwerken aufgelockert wurden. Dies waren beispielsweise Tempel, Friese oder auch eigens dafür gebaute Ruinen. Buchsbaum wurde mit anderen Gehölzen in Gruppen zusammen gepflanzt, in der Regel verzichtete man dabei auf jegliche Schnittmaßnahmen. Heute kann man in den erhalten gebliebenen Landschaftsparks eindrucksvolle Exemplare alter Buchsbäume bewundern, die im wahrsten Sinne als Bäume zu bezeichnen sind. Durch ihren markanten, oft unregelmäßigen Wuchs sind sie beeindruckende Gestalten von besonderem optischen Reiz. Wenn sie überhaupt geschnitten wurden, dann nur, um zu ungleichmäßigen Wuchs leicht zu korrigieren.

Auch auf alten Friedhöfen kann man heute alte Buchsbäume finden, die viel zu der still-romantischen Atmosphäre solcher Anlagen beitragen.

Vom Lustgarten zum Bauerngarten

Die Klostergärten der Renaissance waren zunächst Vorbild für die Gartenkunst des Adels, später auch des wohlhabenden Bürgertums. Patrizierfamilien legten mit Buchsbaum eingefasste Nutzgärten an, in denen sie Gemüse und Kräuter, aber auch dekorative Blumen, heranzogen. Die typische kreuzförmige Aufteilung wurde dabei lange übernommen, später kamen aber zudem Ornamente hinzu. Daraufhin übernahmen auch die einfachen Landbewohner die Aufteilung der Klostergärten in vereinfachter Form.

Diese typischen Bauerngärten haben sich nahezu unverändert bis in die heutige Zeit erhalten. Interessant ist, dass es dabei kaum regionale Unterschiede gibt; die meist viergeteilten Gärten, deren Beete mit niedrigem Buchs eingefasst sind, kann man in Süddeutsch-land genauso antreffen wie im Norden oder an der Küste.

Die Buchsbaumhecken selber werden dabei sehr niedrig geschnitten, im Regelfall sind sie nur 15 bis 30 cm hoch. Diese Höhe genügt aber schon, um einen prägnanten Rahmen entstehen zu lassen. Gleichzeitig werden die jungen Gemüsepflanzen nicht zu sehr von den Hecken beschattet. Bei etwas aufwändiger gestalteten Nutzgärten befindet sich im Kreuzungspunkt der Wege auch häufig noch ein rundes Mittelbeet, in dem eine Rose oder ein Beerenstrauch als Hochstämmchen oder auch ein kleinkroniges Bäumchen wächst. Dieses Rondell wird ebenfalls mit einer niedrigen Buchsbaumhecke eingefasst. Alle diese Gärten verbindet die Kombination von Nützlichem mit Schönem.

Buchsparterre, hier einmal als Irrgarten geschnitten. Solche Labyrinthe waren typische Elemente der barocken Lustgärten.

Ein typischer Bauerngarten: Die mit niedrigem Buchs eingefassten Beete quellen über vor üppig wachsenden Blumen, Kräutern und Gemüse.

NOCH MEHR IDEEN

Weil der Buchsbaum so pflegeleicht, anpassungsfähig und zudem immergrün ist, eignet er sich für fast alle Standorte und Gartenstile. Er wächst willig in der Sonne und im Schatten, und er hält auch den Wurzeldruck anderer Gehölze problemlos aus. Dies prädestiniert ihn geradezu als Unterpflanzung für schattige Bereiche unter höheren Gehölzen. In eher naturnah gestalteten Bereichen wird er dabei ungeschnitten verwendet. Er wächst im Laufe der Jahre zu einem dichten Strauch mit geschlossenem Erscheinungsbild heran, der wunderbar mit vorgepflanzten Schattenstauden, Farnen und Gräsern harmoniert. Auch in Kombination mit reinen Blattpflanzen spielt er seine Stärken voll aus. Stellen Sie sich zum Beispiel ein Schattenbeet vor, in dem Buchs mit verschiedenen Funkien (*Hosta*), Hängesegge (*Carex pendula*) und Trichterfarn (*Matteucia struthiopteris*) kombiniert wird.

Zusätzlich können Sie noch Efeu als Bodendecker einsetzten. Durch die ganz unterschiedlichen Laubstrukturen erhalten Sie ein Beet, das zu jeder Jahreszeit äußerst attraktiv aussieht.

Neben dem zumeist verwendeten klassischen Einfassungsbuchs (*Buxus sempervirens* var. *arborescens*) sind zahlreiche Sorten auf dem Markt, die sowohl in ihrer Wuchsform als auch in ihrer Blattform und -farbe voneinander abweichen. Manche wachsen zu eher lockeren Sträuchern mit elegant überhängenden Zweigen heran, andere spielen ihre besondere Stärke im Frühjahr aus, wenn die hellgrünen oder gelben jungen Blätter den Pflanzen eine hübsche Zweifarbigkeit verleihen.

Auch kugelig oder eiförmig geschnittene Exemplare fügen sich gut in Gehölz- und Staudenpflanzungen ein. Sie setzen interessante Kontrapunkte zu den natürlichen Wuchsformen der anderen Pflanzen.

Traditionelle Einfassungen

Traditioneller, formaler Garten mit Einfassungshecken aus niedrigem Buchs. In den Beeten stehen neben Blumen auch geschnittene Buchsspiralen. Der Weg ist mit hellem Kies bedeckt.

Buchs zur Einfassung von Beeten

Buchsbaum ist das Gehölz für Einfassungen, ob im ländlichen Bauerngarten oder im formal gestalteten Stadtgarten. Besonders im ländlich-zwanglos gestalteten Garten bietet sich Buchsbaum als Rahmen gebendes Element an, das die Üppigkeit der Blumen- und Nutzbeete ein wenig zusammenhält.

Gerade die klassische Einteilung in vier Quadranten nach dem Vorbild der Klostergärten spiegelt auch die traditionelle Fruchtfolge der Vier-Felder-Wirtschaft wider, bei der die einzelnen Felder reihum im ersten Jahr mit stark zehrenden Gemüsearten, im zweiten Jahr mit mittelstark zehrenden, und im dritten Jahr mit Schwachzehrern bepflanzt werden. Im vierten Jahr wird dann eine Gründüngung aufgebracht, um dem Boden neue Nährstoffe zuzuführen, im fünften erhalten dort die Starkzehrer wieder ihren Platz.

Neben den niedrigen Einfassungen, für die sich am besten schwachwüchsige Sorten wie *Buxus sempervirens* 'Blauer Heinz', 'Herrenhausen' oder 'Suffruticosa' eignen, können Sie natürlich auch etwas höhere Einfassungen heranziehen, in denen abwechslungsreiche Staudenkombinationen oder auch Rosen wachsen. Am besten werden die Hecken etwa kniehoch gehalten, sodass sie einen starken optischen Rahmen bilden, aber dennoch die dahinter stehenden Pflanzen nicht zu sehr beschatten. Als Sorten für mittelhohe Hecken eignen sich am besten Sorten wie *Buxus sempervirens* 'Angustifolia', 'Globosa', 'Hollandia' oder *B. microphylla* 'Faulkner'.

Die Wege zwischen den buchsgesäumten Beeten werden am besten mit Kies oder hellem Granitsplitt aufgeschüttet. Diese Beläge bilden einen schönen Kontrast zu den dunklen Heckenbändern.

Buchs im modernen Garten

Einfassungshecken aus Buchs passen durchaus auch zu modern und eher sachlich gestalteten Gärten. So können beispielsweise streng geometrische, mit Buchsbaum umrandete Felder mit attraktiven Blatt- oder Blütenpflanzen bepflanzt werden. Eine andere Möglichkeit wäre, Hecken gestaffelter Höhe in Bändern hintereinander zu setzen, zwischen denen ebenso in der Höhe abgestufte Stauden und Gehölze für die nötige Belebung sorgen. Gute Gestaltungsbeispiele lassen sich häufig in Mustergärten von Gartenschauen finden. Auch im kleineren Maßstab des eigenen Gartens lassen sich solche Ideen ohne weiteres umsetzen. So könnte man dreieckige Beete aus Buchs in langen, geschwungenen Bändern aneinander setzen, die einzelnen Dreiecke wiederum mit immergrünen Gehölzen wie Stechpalme (*Ilex aquifolium*) und Mahonien (*Mahonia aquifolium*), oder mit Bändern aus Lavendel (*Lavandula angustifolia*) und Wollziest (*Stachys byzantina*) und mit Chinaschilf (*Miscanthus sinensis*) bepflanzen.

Alle Immergrünen spielen eine große Rolle in der Gartengestaltung. Viel beruhigendes Grün mit nur wenigen Farbtupfern lässt Gärten entstehen, die durch die verschiedenen Blattstrukturen und Laubfarben zu jeder Jahreszeit attraktiv und trotzdem relativ pflegeleicht sind. Buchs kann hierbei zusammen mit anderen Immergrünen wie Stechpalmen (*Ilex*), Lorbeerkirschen (*Prunus laurocerasus*) oder auch hoch wachsenden Rhododendren zu frei wachsenden Hecken zusammen gepflanzt werden.

Bei dieser modernen Gestaltung wurden geschwungene Buchshecken mit Stauden, Gräsern und Gehölzen kombiniert.

Buchsbaum als Formschnittgehölz

Regelmäßig geschnittene, niedrige oder hohe Einfassungshecken sind natürlich auch Formschnittgehölze im weitesten Sinne. Buchsbaum ist aber auch deswegen so beliebt, weil er sich in beliebig viele Formen schneiden lässt, seien es nun Kugeln, Kegel, Spiralen oder auch der Tierwelt nachempfundene Formen.

Schon in den barocken Lustgärten wurden die niedrigen Parterres durch markante höhere Figuren ergänzt, besonders beliebt waren dabei Kegel und Spiralen, die den Gärtnern viel Geschicklichkeit beim Schnitt abverlangten. Auch heute stehen geschnittene Buchsskulpturen in der Gunst der Gartenbesitzer ganz oben. Am häufigsten wird dabei die Kugelform verwendet, aber auch Kegel machen immer eine gute Figur. Bei-

de Formen haben den Vorteil, dass sie auch von ungeübteren Freizeitgärtnern relativ leicht zu schneiden sind. Zudem bieten Gärtnereien und Baumschulen diese beiden Formen häufig fertig geschnitten an, sodass Sie nur den jährlichen Erhaltungsschnitt durchführen müssen.

Neben Kugeln und Kegeln sind auch Würfel und Zylinder Formen, die relativ einfach geschnitten werden können. Als Eckpunkte in einem Beet setzen sie markante Zeichen. Ebenso lassen sich Einfassungshecken auf diese Weise interessanter gestalten. Eckige Grundformen haben übrigens den Vorteil, dass Sie einfach Schablonen anfertigen können, an denen entlanggeschnitten wird.

Aus dem flächigen Buchsbeet wachsen lauter spitze Zipfelmützen und begrüßen den Besucher am Gartentor.

Hier wurden Buchs und Eibe zu einem interessanten Gesamtkunstwerk vereint. Eine solche Figur benötigt viel Platz, um richtig zur Geltung zu kommen.

STRUKTURGEBENDE BUCHSFIGUREN

So wie andere immergrüne Gehölze auch, kann Buchsbaum dazu eingesetzt werden, Beete und Pflanzungen optisch zu gliedern und Übergänge zu schaffen. Farbbereiche werden durch das neutrale Grün getrennt. Auch für den Gesamteindruck eines Beetes im Winter, wenn die Stauden eingezogen sind oder noch einzelne Samenstängel als Zierde stehen bleiben, bringt der Buchs frische Farbe und attraktive geschlossene Formen ins Spiel.

Beliebt sind beispielsweise kleine Gruppen von Kugeln in unterschiedlicher Größe, die zwanglos zwischen Stauden gepflanzt werden. Ihre Form schmeichelt dem Auge zu jeder Jahreszeit. Doch nicht nur Kugeln, sondern auch Kegel und kissenartige Formen geben einem Beet im Winter die nötige Struktur. Besondere Effekte lassen sich noch zusätzlich erzielen, wenn Sie verschiedene Sorten zusammen setzen, die sich durch Laubfarbe, -größe und -form unterscheiden. Treiben die Büsche im Frühjahr in ihren Blattvarianten aus, harmoniert ihr frisches Aussehen ganz wunderbar mit den zahlreichen farbkräftigen Zwiebelblumen wie zum Beispiel Tulpen, Narzissen oder Kaiserkronen.

Fantasievoll gestalten

Buchsbaum lässt sich außer zu klassischen Kugeln und Kegeln beinahe in jede beliebige Form schneiden. Besonders die Engländer haben es hierbei zu wahrer Meisterschaft gebracht. Beliebt in der Kunst des „Topiari" sind besonders grüne Skulpturen, die Tierfiguren nachempfunden sind. Kleine Hühnergruppen samt Hahn und schon gelegten Eiern bevölkern den Rasen, Vögel sitzen auf streng geschnittenen Hecken. Sicherlich sind solche Buchsfiguren Geschmackssache, doch als „Hingucker" an exponierter Stelle haben sie durchaus ihren Reiz. Die Erziehung vom Steckling bis zur fertigen Skulptur braucht allerdings einige Jahre und erfordert Geduld und eine gewisse Geschicklichkeit. Für ungeübte Gartenbesitzer bieten sich daher einfachere Formen an, zum Beispiel Würfel oder schirmartige Formen.

DIE BESTEN SORTEN FÜR FORMSCHNITT

Kugeln	Kegel und Pyramiden
'Suffruticosa'	'Suffruticosa'
'Green Gem'	'Green Gem'
'Faulkner'	'Arborescens'

Sehr reizvoll kann es auch sein, Hecken nicht gerade, sondern wellenförmig zu schneiden. Sie wirken dadurch weicher und harmonieren auch besonders gut mit Stauden und Gehölzen, die eine bogige, überhängende Wuchsform aufweisen. Besonders filigrane Gräser kommen hierbei gut zur Geltung.

Akkurat geschnittene Buchskugeln trennen das gemischte Beet aus Stauden und Rosen vom Bodenbelag aus Klinkern.

Bei diesem Knotengarten wurden verschiedene Sorten Buchsbaum fantasievoll mit halbstrauchigen Kräutern kombiniert.

DER KNOTENGARTEN

Knotengärten waren besonders im elisabethanischen England sehr beliebt. Dabei werden niedrige Buchspflanzen, aber auch strauchige Kräuter wie Lavendel (*Lavandula*) oder Heiligenkraut (*Santolina*), in verschlungenen Formen zu einem geometrischen Muster gepflanzt. Die Ausführungen reichen dabei vom einfachen „Salomonsknoten" mit vier Kreuzungen bis zum komplizierten Geflecht mit zahlreichen Unter- und Überführungen. Einen besonderen Reiz macht dabei die Kombination verschiedener Laubfarben aus, die das Ganze plastisch erscheinen lässt.

Für die Anlage eines Knotengartens zeichnen Sie die gewünschte Form zunächst auf kariertem Papier auf. Legen Sie fest, welche der Linien durchgehend sein sollen. Danach übertragen Sie alle Eck- und Kreuzungspunkte mit Stöckchen ins Freiland. Gerade Verbindungslinien können Sie mit gespannten Schnüren markieren, für die gebogenen Linien verwenden Sie am besten hellen Sand oder Kieselsteinchen. Entlang der Markierungen heben Sie die Pflanzgräben aus. Alle weiteren Arbeiten sind dieselben wie bei der Anlage einer niedrigen Einfassungshecke, die auf Seite 28/29 beschrieben wird.

Fernöstlicher Charme

In der asiatischen Gartengestaltung spielen immer-grüne, in Form geschnittene Gehölze eine große Rol-le. Die Formen sollen dabei immer fließend sein, die gesamte Anlage geschlossen und beruhigend wirken. Dazu wird oft Wasser in Form von kleinen Bachläufen und Becken in die Gestaltung einbezogen. Heller Kies kann symbolisch die Rolle des Wassers übernehmen, er wird dann häufig zu Linien oder Kreisen geharkt, was den Eindruck kleiner Wellen hervorruft. Ebenso finden schöne große Steine und rund geschliffene Felsstücke ihren Platz.

Buchsbaum lässt sich hervorragend in solche Gestal-tungen einbeziehen. Man kann ihn gruppenweise mit Steinen kombinieren, wobei die Schnittformen mit eben diesen Steinen korrespondieren. Ebenso lassen sich kugelig wachsende oder geschnittene Koniferen integrieren. Auch zu Bambus passt Buchs hervorra-gend. Er schafft dabei ein Gegengewicht zur vertika-len Struktur des Bambus, wenn er in flachen, fließen-den Formen geschnitten wird. Auch die verschiedenen Grüntöne von Bambus und Buchs wirken interessant, aber niemals unruhig oder gar unharmonisch.

Ein fernöstlich angehauchtes Beispiel mit Kugelbäumchen auf unterschiedlich hohen Stämmchen.

Die niedrige Buchs-
hecke bildet den Rahmen
für die verschiedensten
Koniferen. Die akkurate
Gestaltung mit umlau-
fendem Band aus Kies
mutet schon ein wenig
fernöstlich an.

Buchsbaum an Schattenplätzen

Ein großer Vorteil des Buchsbaums ist, dass er sowohl in der Sonne als auch im Schatten gut gedeiht.
Auch im Schatten lässt sich seine Vielseitigkeit daher
gewinnbringend einsetzen. Bildet er im Bauerngarten
den richtigen Rahmen für üppige Gemüse- und Som-
merblumenbeete, kann er in schattigen Gartenparti-
en Blattschmuckpflanzen, zum Beispiel Gruppen aus
Funkien (*Hosta*), wirkungsvoll umranden. Einen besonders schönen Kontrast bildet er zu Sorten mit gelb
oder weiß panaschierten Blättern.

Viele Schattenstauden zeichnen sich durch markantes, großes Laub aus, das einen wirkungsvollen Ge-
genpol zu dem fein texturierten Laub des Buchses
bildet. Neben den erwähnten Funkien ist etwa das
Schaublatt (*Rodgersia*) ein interessanter Pflanzpartner.
Wenn Sie verschiedene Farne mit Buchs kombinieren,
können Sie wundervoll mit den verschiedenen Grün-
tönen spielen. Besonders im Frühling wird die Zart-
heit der sich entrollenden Farnwedel durch das dunk-
lere Grün des Buchses noch gesteigert.

Ebenso können Sie verschiedene Wuchs- und Schnittformen kombinieren. Aufwärts strebende Trichter-
farne (*Matteucia struthiopteris*), mattenbildende Bodendecker, wie Schaumblüte (*Tiarella cordifolia*) oder
Zwergastilben (*Astilbe chinensis* var. *pumila*) und unregelmäßig eingefügte, streng geschnittene, Buchskugeln ergeben zusammen eine abwechslungsreiche
Pflanzung.

Buchs als Bodendecker

Buxus microphylla *var.* koreana *eignet sich gut als verträglicher Bodendecker und harmoniert dabei mit den verschiedensten Laubgehölzen.*

Buchsbaum als Bodendecker – das klingt sicher etwas ungewohnt. Die meisten Sorten eignen sich hierfür auch nicht unbedingt, da sie nicht in der Lage sind, größere Flächen wirklich so zu bedecken, dass Unkraut dauerhaft unterdrückt wird.

Der Kleinblättrige Buchs (*Buxus microphylla*) hat jedoch einen niederliegenden, fast kriechenden Wuchs. Eine einzelne Pflanze wird kaum über 20 cm hoch und kann dabei einen Durchmesser von über 50 cm erreichen. Das Laub ist schmal, aber zahlreich, von einem angenehmen, nicht zu dunklen Grünton. Auch im Schatten wächst diese Art dicht und kompakt, sodass eine geschlossene Fläche erzielt werden kann. Wichtig ist, die Pflanzen regelmäßig zu schneiden, um die Verzweigung und den Laubaustrieb anzuregen. *Buxus microphylla* lässt sich auf kleinen Flächen gut als Ersatz für kriechende *Cotoneaster*-Arten verwenden.

Eine Sorte des Gewöhnlichen Buchsbaums (*Buxus sempervirens*), die durch ihren breiten Wuchs auffällt, ist 'Vardar Valley'. Sie ist zwar kein Bodendecker im engeren Sinne, das heißt, sie lässt sich nicht auf größeren Flächen verwenden. Bei einer Höhe von 60 bis 80 cm kann sie aber durchaus Breiten von 1,5 m erreichen. Die dichte Belaubung auch im bodennahen Bereich lässt Unkraut kaum eine Chance.

Flächig gepflanzte Bodendecker wie Efeu (*Hedera helix*) oder Dickmännchen (*Pachysandra terminalis*) sind zwar pflegeleicht, können aber auch schnell langweilig wirken. Eingestreute Formelemente aus Buchs machen eine solche Pflanzung gleich viel interessanter!

Ungeschnittener Buchsbaum

Auch wenn Buchs in den meisten Fällen als Formschnittgehölz verwendet wird, sieht er auch in frei gewachsen, im ungeschnittenen Zustand sehr ansprechend aus. In der freien Natur wächst der Gewöhnliche Buchsbaum (*Buxus sempervirens*) im Laufe der Jahre zu einem hohen Strauch oder auch zu einem bis zu 10 m hohen Baum heran, der durchaus einige hundert Jahre alt werden kann. Manchmal kann man solch prächtige alte Exemplare auf alten Friedhöfen finden. Frei wachsender Buchsbaum lässt sich aber auch im eigenen Garten gut verwenden, zum Beispiel in einer ungeschnittenen Hecke, zusammen mit anderen Immergrünen wie Stechpalmen (*Ilex aquifolium*) und Lorbeerkirschen (*Prunus laurocerasus*). Die unterschiedlichen Blattgrößen lassen eine solche Pflanzung trotz der ähnlichen Grüntöne durchaus lebendig wirken.

Einige Sorten wachsen zu lockeren, eleganten Sträuchern heran, die sich gut als Solitär im Rasen eignen. Dazu gehören zum Beispiel 'Angustifolia' mit schmalen Blättern und hellgrünem Austrieb oder 'Hollandia', die durch einen lockeren, aber trotzdem aufrecht geschlossenen Wuchs überzeugt.

Frei wachsender Buchs lässt sich zudem gut als Hintergrund für niedrige Rhododendren und Azaleen verwenden. Er bildet den ruhigen dunklen Hintergrund, vor dem die plakativen Blüten erst so richtig zu leuchten beginnen. Im Vordergrund können zusätzlich noch geschnittene kleine Buchskugeln oder -kuppeln eingestreut werden. Nach der Blütezeit bildet die feine Laubstruktur des Buchsbaums auch noch einen stimmigen Kontrast zu den größeren Blättern des Rhododendrons.

Frei wachsende, ungeschnittene Buchsbäume entwickeln einen eigenen, natürlichen Charme.

Buchsbaum in der Grabgestaltung

Buchs gehört zu den beliebtesten Gehölzen für die Bepflanzung von Gräbern. Seine ruhige Ausstrahlung wirkt nie fehl am Platz. Zudem hat sein immergrünes Laub symbolischen Charakter, es steht für ewiges Leben. Schon der Name „*sempervirens* = immer lebend" weist auf diese besondere Bedeutung hin.

Am häufigsten wird Buchs dabei als niedrige, schlichte Grabeinfassung verwendet. Die Fläche im Inneren der Einfassung wird entweder mit einer hellen, Kiesschicht bedeckt oder auch mit saisonal wechselnden Blumen bepflanzt. Beliebt sind dabei Teppichpflanzungen in kontrastierenden Farben, die christliche Symbole wie Kreuze, aber auch Motive von persönlicher Bedeutung darstellen. Eine saisonale Bepflanzung mit Sommerblumen bringt immer wieder Abwechslung aufs Grab. Denkbar wäre auch ein Buchsparterre im Kleinformat, das wiederum mit Kies, Polsterstauden oder niedrigen Sommerblumen kombiniert wird. Kleine Kugeln und Kegel, die links und rechts neben dem Grabstein stehen, sind ebenfalls sehr beliebt.

Auf diesem Grab bildet eine niedrige Buchseinfassung den richtigen Rahmen für Wechselpflanzungen, hier Eisbegonien.

23

Eine Buchskugel im klassischen Terrakotta-kübel sieht auf der Terrasse immer gut aus.

Buchsbaum als Kübelpflanze

Zur steigenden Beliebtheit des Buchsbaums in den letzten Jahren hat sicherlich beigetragen, dass er auch dauerhaft in Kübeln gezogen werden kann. So schmückt er immer häufiger Balkon und Terrasse. Als Formschnittgehölz, in einem edlen Topf aus Terrakotta, gehört er heute fast schon zur Grundausstattung des gehobenen Balkonambientes. Gärtner und Baumschulen haben den Trend erkannt und bieten fertig geschnittene, auch größere Exemplare, in schönen Kübeln an. Da Buchs nicht der Weltmeister im schnellen Wachsen ist, sind größere Pflanzen relativ teuer. Dafür hat man aber auch Pflanzen fürs Leben, die bei guter Pflege sehr alt werden können. So lässt sich Buchs immer wieder anders arrangieren: er gesellt sich zu Gruppen blühender Kübelpflanzen, harmoniert bestens mit Sommerblumen, und er hält im Winter die Stellung, wenn viele Kübelpflanzen aus südlichen Gefilden drinnen überwintern müssen.

Eine beachtliche Sammlung an Buchs-kugeln und -kegeln sowie Liguster-Hochstämm-chen. Die hübschen Terrakottatöpfe passen hervorragend zur gemauerten Klinkerfassade.

Damit Sie dauerhaft Freude an Ihrem Buchs im Kübel haben, sollten Sie allerdings einige wichtige Punkte beachten: Achten Sie schon beim Einpflanzen in den Kübel darauf, dass Sie hochwertiges Pflanzsubstrat verwenden. Mischen Sie etwas reife Komposterde und Langzeitdünger unter die Erde. Auch sollte der Kübel unbedingt ein Abzugsloch für überschüssiges Gießwasser besitzen, das Sie mit einer Schicht grobem Kies bedecken. Aus welchem Material Sie den Kübel wählen, ist Ihrem persönlichen Geschmack überlassen. Ob Terrakotta, Betonstein oder Zinkblech, die Auswahl ist riesig.

EXPERTEN-TIPP

Buchs in Kübeln kann problemlos im Freien überwintern. Achten Sie auf ausreichend große, frostfeste Gefäße. Bei leichten Frösten besteht so keine Gefahr, dass der Wurzelballen durchfriert. Bei stärkeren Frösten sollten Sie den Kübel an einen geschützten Platz wie die Hauswand oder in eine Nische stellen. Sie können auch den Kübel dick mit Noppenfolie umwickeln oder ihn in einen größeren Übertopf stellen und den Zwischenraum mit Laub oder Stroh ausstopfen.

Buchs gehört zu den sogenannten Herzwurzlern, seine Wurzeln gehen also sowohl in die Breite als auch in die Tiefe. Daher ist es wichtig, dass Sie einen ausreichend großen, nicht zu flachen Kübel nehmen, dessen Breite ungefähr den Abmessungen der oberirdischen Gestalt der Pflanze entsprechen sollte.

Topfen Sie den Buchs regelmäßig alle zwei bis drei Jahre in einen einige Zentimeter größeren Kübel um. Von April bis Anfang September geben Sie am besten wöchentlich etwas Flüssigdünger in das Gießwasser. Danach sollten Sie die Düngung einstellen.

Formschnittgehölze

Formschnitt mit Thuja, Eibe und Co

Nach wie vor ist Buchsbaum das beliebteste Gehölz für den Formschnitt. Denn eigentlich ist Buchs die perfekte Pflanze für diesen Zweck: sie ist immergrün, hat eine perfekte tiefgrüne Blattfärbung, lässt sich in fast jede Form schneiden und wächst schön gleichmäßig nach. Zudem verträgt Buchs Sonne, Halbschatten und auch Schatten und kommt mit fast allen Bodenverhältnissen zurecht.

Aber auch andere immergrüne Gehölze, sowohl Nadelbäume als auch Laubsträucher, lassen sich sehr gut für Formhecken und Schnittskulpturen verwenden und vor dem Hintergrund der jüngsten epidemierartigen Blatterkrankungen bei Buchs gewinnen diese anderen Arten zunehmend als Ersatz an Bedeutung.

Grundsätzlich lassen sich fast alle Gehölze in Form schneiden. Einige eignen sich jedoch besonders gut, nämlich solche, die schnell wieder austreiben und über einen dichten Wuchs verfügen. Perfekt für diesen Zweck sind absolut frostharte, immergrüne Gehölze mit kleinen Blättern bzw. kurzen Nadeln und moderatem Wuchs. Gerade für die zurzeit so beliebten asiatisch anmutenden Kugel- und Pomponformen benötigt man kleinblättrige Laubgehölze oder Koniferen mit kurzen Nadeln.

Die Auswahl richtet sich nach der Höhe der gewünschten Hecke oder Figur. Für hohe Formschnitthecken eignen sich starkwüchsige Arten wie Buchen (*Fagus sylvatica*), Hainbuchen (*Carpinus betulus*), Stechpalme oder Hülse (*Ilex aquifolium*), Eiben (*Taxus baccata* und *Taxus cuspidata*), Scheinzypresse (*Chamaecyparis lawsoniana*) oder Lebensbaum (*Thuja occidentalis*). Von ihnen sind auch jeweils schmal bis säulenförmig wachsende Sorten erhältlich, was bei schmalen Hecken eine Erleichterung für die Schnittarbeiten darstellt.

Für kleine Hecken oder Beeteinfassungen sind diese Arten zu starkwüchsig. Dafür haben sich schwach wachsende Sträucher wie Berberitzen (*Berberis buxi-*

Wie Wolken scheinen die Laubpolster in diesem Japan-Garten über den Zweigen zu schweben.

folia), Spindelstrauch (*Euonymus fortunei*), Löffel-Ilex (*Ilex crenata*) oder Immergrünes Geißblatt (*Lonicera nitida*) besser bewährt.

Auch frei geformte Figuren können aus den Buchs-Ersatzpflanzen geschnitten werden. Bei Eiben hat das bereits eine lange Tradition. In den berühmtesten englischen Gärten stehen skurril geformte Eibenhecken, die etwa aussehen wie riesige Schachfiguren oder auch wie Eier samt Eierbecher. Wer die grüne Vielfalt liebt, kann verschiedene Eibensorten zusammenpflanzen, die sich in der Nadelfarbe unterscheiden, ansonsten aber eine gleiche Oberflächenstruktur aufweisen. Sehr viel gröber erscheinen die Oberflächen geschnittener Scheinzypressen. Dafür gibt es hier auch blaunadelige Sorten, die sich zum Beispiel sehr gut mit gelbnadeligen Formen kombinieren lassen. Besonders wirkungsvoll sind Skulpturen in hellen Grün- und Blautönen vor einer tief dunkelgrünen Eibenhecke.

Dem Buchs am ähnlichsten ist sicherlich der Löffel-Ilex. Oft stellt man den Unterschied erst bei genauem Hinschauen aus der Nähe fest. Hier sind in den letzten Jahren auch neue Sorten auf den Markt gekommen, die bewusst als Buchs-Ersatz vermarktet werden. Kaum bekannt, aber sehr gut geeignet ist die Steineibe (*Podocarpus nivalis*), ein entwicklungsgeschichtlich sehr altes Nadelgehölz. Die recht breiten Nadeln muten auf den ersten Blick an wie schmales Buchsbaumlaub.

Bisher selten zu sehen, können aber auch Stauden und Halbsträucher als Buchs-Ersatz für niedrige Beeteinfassungen fungieren. Allerdings findet man unter ihnen überwiegend grau- und silberlaubige Kandidaten. Am eindeutigsten grünlaubig ist der Garten-Gamander (*Teucrium x lucydris*), eine Hybride, die erfreulicherweise nicht zum Wuchern neigt. Besonders für sonnige Standorte ist der Gamander eine gute Wahl. Als Kübelpflanze ebenfalls gut schnittverträglich ist der Gewürz-Lorbeer *(Laurus nobilis)*.

Lorbeer (Laurus nobilis) *ist sehr schnittverträglich und lässt sich einfach in Kugel- oder Kegelformen schneiden. Auch die jungen Triebe sind so biegsam, dass man mehrere Stämme ineinander flechten kann.*

Groß-Bonsai im Kübel. Solche prächtigen Solitäre gibt es in vielen Formen und Größen.

JAPANISCHE GARTENGESTALTUNG

In japanischen Gärten haben streng formierte Gehölze eine lange Tradition. Auch hierzulande erfreuen sie sich im Zuge eines breiten Interesses an fernöstlicher Kultur zunehmender Beliebtheit. Dabei werden die Gehölze nicht wie bei uns als Einfassung von Beeten oder als Akzentpflanzen verwendet. Die fernöstlichen Pflanzenskulpturen haben immer auch einen meditativen Charakter und symbolisieren auch häufig Gemütszustände wie Freude oder Gelassenheit. Die Formgebung ist meist sehr frei, Symmetrien sind eher untypisch. Oft werden die formierten Pflanzen auch mit Steinen, seien es nun natürliche Findlinge oder handwerklich erstellte Steinskulpturen, kombiniert. Ganz typisch sind auch stilisierte Gewässer aus sorgfältig geharktem Kies, die von einer entsprechenden Uferbepflanzung aus formierten Gehölzen umrahmt werden. Überhaupt finden sich immer weiche und rundliche Formen in der japanischen Gestaltungsphilosophie, strenge Kastenformen sind hier völlig unbekannt.

Wem der traditionelle japanische Gartenstil zu streng ist, kann aber trotzdem einige Elemente übernehmen. Hecken aus Heckenmyrte, Löffel-Ilex oder Liguster entfalten einen ganz eigenen Charme, wenn sie nicht gerade, sondern in weichen welligen Formen geschnitten werden. So sind sie auch ein perfekter grüner Hintergrund für Gruppen von japanischen Azaleen. Diese wachsen je nach Sorte breit kuppelförmig bis flachkugelig, sodass eine wellige Hecke dahinter die Linien dupliziert.

Kleine Vorgärten können leicht überladen wirken, wenn man sich nicht auf einige wenige verschiedene Pflanzen beschränkt. Gerade im städtischen Bereich im Umfeld schlichter urbaner Architektur ist eine schlichte Gestaltung mit immergrünen Formgehölzen und hellem Kies sehr wirkungsvoll. Ein Zugang, der nicht gerade, sondern im weichen Bogen auf die Haustür zuläuft, wird durch jeweils einen Kiesstreifen eingerahmt, der diese Linie aufnimmt. Formschnittgehölze ihrerseits setzen die horizontalen Bögen und Linien noch einmal in die vertikale Dimension um. Zusätzlich kann man auch noch Akzente durch sparsam verwendete Solitärgehölze setzen.

FORMATIONSKUNST IM GROSSFORMAT – BIG BONSAI

Anders als beim klassischen Formschnitt, bei dem die Gehölze gewöhnlich zu geschlossenen, kompakten Formen geschnitten werden, sind japanische Big Bonsai von luftiger, offener Gestalt und erinnern an Wolkengebilde. In der fernöstlichen Tradition haben alle diese Formen eine bestimmte meditative Bedeutung.

Auch wenn uns Europäern der philosophische Hintergrund fehlt, kann sich doch kaum jemand dem speziellen Charme dieser Kunst entziehen. Big Bonsai werden besonders häufig aus Kiefern, speziell aus schwachwüchsigen Sorten von *Pinus mugo*, geformt. Bis die Bäumchen den erwünschten malerischen Wuchs mit waagerechten Ästen und exakt angeordneten Tuffs aus dicht sitzenden Nadeln besitzen, vergehen jedoch einige Jahre, in denen der Gärtner ständig korrigierend mit Schere und Bambusstäben für die richtige Ausrichtung der Äste eingreifen muss.

Auch einige Bambusarten eignen sich hervorragend für den Formschnitt. Neben Schirm- und Dachformen lassen sich besonders gut Stämmchen oder auch Pagoden schneiden. Gut hierfür geeignet sind zum Beispiel *Phyllostachys viridiglaucescens* und *Phyllostachys aurea*. Dazu schneidet man nach dem Austrieb störende Halme an der Basis ab oder kürzt sie ein. Auch die Seitentriebe müssen gekürzt werden, um einen kompakten Habitus zu erzielen. Wichtig ist ein ständiger und regelmäßiger Nachschnitt. Bambus behält auch im Winter seine frischgrüne Farbe.

Die Mädchen-Kiefer hat charakteristische, grün-weiß gestreifte Nadeln.

Liguster verträgt auch einen häufigen Formschnitt und lässt sich so über Bögen ziehen.

Der Immergüne Liguster (Ligustrum ionandrum) ist nicht in allen Gegenden winterhart. Er eignet sich jedoch hervorragend als Kübelpflanze.

WIEDERBELEBUNG IN DER RENAISSANCE

Mit dem Niedergang des Römischen Reiches nahm die Begeisterung für das Spiel mit der Gartenschere in Europa ab. Im Mittelalter fanden geformte Gehölze keine Erwähnung mehr. Erst in den Renaissance-Gärten tauchten sie wieder auf.

Die in allen Künsten und den Geisteswissenschaften vollzogene Rückbesinnung auf Formen, Werte und Denksysteme der Antike ist auch in der Gartenbaukunst Italiens im 15. und 16. Jahrhundert zu beobachten. Merkmale der antiken Gärten aufgreifend, entstanden unterschiedlichste Gartenanlagen, die die Gartenbaukunst Nordeuropas beeinflussten und in Italien selbst in die „Villeggiatura" mündeten. An eine standesgemäße Villa, der seitlich ein Giardino segreto (geheimer Garten) beigefügt ist, schließt sich

ein größerer, Besuchern offenstehender Garten an, der primär Lustgarten ist, doch auch durchaus Elemente des Nutzgartens aufweisen kann. Hier finden sich Akzentuierungen durch Topiaria, aber auch die für die Renaissance typischen Knoten-Parterres. Aufgrund des Formenrepertoires und des Pflanzenschnitts wird deutlich, dass der Renaissance-Garten zur Gruppe der geometrischen Gärten gehört. Der Besitzer der Villa Quaracchi bei Florenz, Giovanni Rucellais, notierte in seinem Tagebuch im Jahr 1459: „In dem Blumengarten bildet ein runder, in fünf Stufen geschnittener Buchs den Mittelpunkt". Außerdem erwähnte er Riesen und Zentauren, Schiffe, Tempel, Pfeiler, Menschenfiguren, Drachen und Tiere aller Art aus verschiedensten Formgehölzen. Teils schnitt man sie aus den Hecken heraus, teils wurden sie als Einzelgestalten gezogen. Schon in der Jungsteinzeit kannte man symbolische Labyrinthdarstellungen, die während der Bronzezeit in den verschiedensten Kulturen weit verbreitet waren. Die Labyrinthe wurden ursprünglich mit Steinbrocken auf dem Erdboden ausgelegt. Mittel- und Endpunkt könnte ein Baum sein, oder eine Freifläche. Bei religiösen Ritualen wurden diese Anlagen durchlaufen oder in Kulttänzen durchzogen. Im Mittelalter finden sich Labyrinthdarstellungen in Kirchen, wo sie der Meditation dienten und mit Andacht durchschritten wurden. Doch mit der Renaissance wurden die Labyrinthdarstellungen aus den Kirchen verbannt und finden sich seitdem in den Gärten wieder, wo sie, aus hohen Hecken gepflanzt, als Lustgärten dienten. Der ursprüngliche meditative Zweck spielte nun also keine Rolle mehr. Auch im Barock und bis ins Zeitalter der Romantik spielten Labyrinthe eine wichtige Rolle in der Gartengestaltung.

SYMBOLIK DER KNOTENGÄRTEN

Die zur Renaissance beliebten Knotengärten bedienten sich einer sehr viel älteren Symbolik und werden seit einiger Zeit wieder beliebter. Knoten hatten und haben in fast allen Kulturkreisen eine wichtige Bedeutung. Der Gordische Knoten ist nach einer alten Legende das verknotete Seil, das am Streitwagen des Königs Gordios von Phrygien von den Göttern selbst verknotet wurde. Wer den Knoten lösen konnte, der sollte auch die Herrschaft über Asien erlangen. Alexander der Große soll den Knoten aber einfach mit dem Schwert durchschlagen und darauf seinen Siegeszug durch Asien begonnen haben.

In China bedeutet der Knoten Langlebigkeit, und mit dem Knoten bindet man das Gute und wehrt das Böse. In Indien stellt der Mystische Knoten des Gottes Vishnu Kontinuität, Unsterblichkeit und Unendlichkeit dar.

Formale Eibenhecken und -skulpturen mit akkurat geschnittenen Buchskugeln und -hecken

Formschnittgehölze für jeden Standort

GEEIGNETE ARTEN		
Standort	**Boden**	**geeignete Arten und Sorten**
Sonne	sandig trocken	Löffel-Ilex (*Ilex crenata* 'Blondie', 'Golden Gem' u.a.)
		Scheinzypresse (*Chamaecyparis lawsoniana*)
	lehmig feucht	Eibe (*Taxus baccata, Taxus cuspidata*)
		Steineibe (*Podocarpus nivalis*)
		Heckenkirsche (*Lonicera nitida* 'Mainacht')
		Liguster (*Ligustrum vulgare*)
		Rot-Buche (*Fagus sylvatica*)
		Hainbuche (*Carpinus betulus*)
	nass	Lebensbaum (*Thuja occidentalis* 'Brabant')
	schwer und tonig	Eibe (*Taxus baccata, Taxus* x *media* 'Hillii')

Rot-Buchen (Fagus sylvatica) gibt es in grün- und rotlaubigen Sorten.

Hain- oder Weißbuchen (Carpinus betulus) haben frischgrünes Laub.

Stechpalmen (Ilex) gibt es in vielen verschiedenen Arten und Sorten.

GEEIGNETE ARTEN

Standort	Boden	geeignete Arten und Sorten
Halbschatten	sandig trocken	Löffel-Ilex (*Ilex crenata* in Sorten)
		Scheinzypresse (*Chamaecyparis lawsoniana*)
		Buchsbaumbl. *Berberitze* (*Berberis buxifolia* 'Nana')
	lehmig feucht	Steineibe (*Podocarpus nivalis*)
		Immergr. Heckenkirsche (*Lonicera nitida* 'Elegant')
Schatten	nass	Lebensbaum (*Thuja occidentalis* 'Holmstrup')
	schwer und tonig	Eibe (*Taxus x media* 'Hillii')
	sandig trocken	Löffel-Ilex (*Ilex crenata* in Sorten)
	lehmig feucht	Stechpalme (*Ilex aquifolium* 'Myrtifolia')

Kein anderes Nadelgehölz lässt sich besser in Form schneiden als Eiben (Taxus).

Einheimischer Liguster (Ligustrum vulgare) verträgt mehrmaligen Rückschnitt im Jahr.

Immergrüne Heckenkirschen (Lonicera nitida) gibt es in grün- und buntlaubigen Sorten.

*Etagenförmige ge-
schnittene Eibe (Taxus
baccata)*

ARTEN- UND SORTENWAHL VON FORMSCHNITTGEHÖLZEN

Die meisten geeigneten Gehölze finden sich für sonnige oder halbschattige Standorte mit durchlässigen, normal mit Nährstoffen versorgten Böden. Wer eher trockenen Boden mit niedrigem pH-Wert hat, sollte unbedingt auf die verschiedenen Sorten von *Ilex crenata,* dem Löffel-Ilex, zurückgreifen. Auf schweren lehmigen Böden schnell kränkelnd, kommt er mit leichten Sandböden bestens zurecht und ist hier auch die bessere Alternative zum Buchs selbst. Auch in schattigen Partien kommt er noch gut zurecht.

Für schwereren Boden, auch Lehmboden mit hohem Kalkgehalt, ist die Eibe die erste Wahl. Neben *Taxus baccata* lassen sich Hybrid-Eiben (*Taxus x media*) verwenden, deren Sorten schon

EXPERTEN-TIPP

Bei den so genannten Garten-Bonsai gibt es einen Trick, wie man die Schnittarbeiten auf ein Minimum reduzieren kann. Dabei werden schwach wachsende Sorten (so genannte Hexenbesen) als Reiser auf die bereits vorgeformte Mutterpflanze veredelt. Wegen des langsamen Wuchses muss auch später nur alle paar Jahre nachgeschnitten werden. Dem Ideenreichtum bei der Kultivierung sind dabei keine Grenzen gesetzt: von der einfachen Kugel in verschiedenen Stammhöhen bis hin zu etagenförmig angeordneten Wolkengebilden im japanischen Stil.

von sich aus einen schmalen Wuchs haben. Für niedrigere Einfassungen eignet sich *Taxus cuspidata,* besonders die gedrungen wachsende Sorte 'Nana'. Ebenfalls Kalk vertragen alle Sorten der Hülse (*Ilex aquifolium*). Die kleinblättrige Sorte 'Myrtifolium' kann im Gegensatz zu den großblättrigeren Sorten auch für Formschnitt-Skulpturen verwendet werden. Auch sie tolerieren schattige Standorte. Die Immergrüne Heckenkirsche (*Lonicera nitida*) benötigt Sonne oder Halbschatten und kommt mit Lehmböden zurecht, solange sie durchlässig genug sind. Vom Aussehen her kommt sie dem Buchsbaum nach dem Löffel-Ilex am nächsten. Desweiteren eignen sich Liguster (*Ligustrum vulgare*) und hier insbesondere die Sorte 'Atrovirens', Hainbuchen (*Carpinus*) und Rot-Buchen (*Fagus*) für den Formschnitt.

Praxis

Standort und Boden

Ist der Boden nahrhaft und durchlässig, aber nicht zu trocken, werden Sie mit gleichmäßigem Wachstum und saftig grünem Laub belohnt.

STANDORT

Buchsbaum kommt in der Natur vor allem in lichten Wäldern und an Waldrändern vor. An diesen Standorten sind die Pflanzen zumindest zeitweise beschattet. Im Garten fühlt sich der Buchsbaum am wohlsten, wenn er einen Standort erhält, der nicht den ganzen Tag über der prallen Sonne ausgesetzt ist. Besonders empfindlich ist er gegen die starke Strahlung der Wintersonne bei gleichzeitiger Bodentrockenheit. Austrocknende Winde erhöhen die schädigende Wirkung der Sonne noch zusätzlich. Allerdings sind einige Sorten, zum Beispiel 'Blauer Heinz', weniger empfindlich, diese sollten Sie bei der Verwendung an solchen Standorten bevorzugen. Eine Abdeckung mit Nadelreisig hilft an kritischen Spätwintertagen. Wenn Sie Buchsbaum also an einen vollsonnigen Standort pflanzen, achten Sie darauf, dass der Boden niemals austrocknet, besonders nicht in frostfreien Perioden des Winters und des zeitigen Frühjahres.

> ### EXPERTEN-TIPP
>
> An vollsonnigen Standorten darf der Boden nie völlig austrocknen. Besonders im Spätwinter und im zeitigen Frühjahr kann Wassermangel zu Trockenschäden führen. Daher sollten Sie in frostfreien Perioden großzügig wässern, besonders wenn der Buchs auf leichten Böden steht. Auch im Regenschatten von Mauern oder Gebäuden benötigt Buchs häufiger zusätzliche Wassergaben.

BODEN

Buchsbaum gedeiht am Besten auf durchlässigen, eher lehmigen Böden. In bezug auf den pH-Wert ist er recht tolerant, einzig stark saure Böden sind ungeeignet.

Sandige, magere Böden werden am besten mit reichlich Humus aufbereitet. Auch stark verdichtete Böden sollten Sie vor der Pflanzung sorgfältig lockern und mit Humus und Sand durchlässiger machen. Zu schwere Lehmböden werden ebenfalls mit viel Humus verbessert. Besonders bei neu gepflanztem Buchsbaum ist es sinnvoll, zwischen den Pflanzen eine leichte Mulchdecke aufzubringen, um die Feuchtigkeit besser im Boden zu halten. In Trockenzeiten, besonders auch in frostfreien Zeiten im Winter, sollten Sie regelmäßig und reichlich gießen.

Buchsbaum stellt keine hohen Ansprüche an Luft- und Wasserqualität. Gegen starke Einwirkung von Streusalz ist er jedoch äußerst empfindlich. Pflanzen, die im Vorgarten an der Grenze zu Gehwegen stehen, sind naturgemäß besonders gefährdet. Daher sollten Sie in diesem Fall entweder auf den Einsatz von Streusalzen verzichten oder durch bauliche Maßnahmen, wie etwa erhöhte Randsteine, sicherstellen, dass salziges Schmelzwasser auf keinen Fall an die Buchspflanzen gelangen kann.

Ein Buchsbaum in flacher Kugelform bildet den Mittelpunkt für wechselnde Saisonbepflanzungen.

Die Pflanzung

Für die Anlage von niedrigen Einfassungshecken werden meist bewurzelte Stecklinge verwendet, die entweder in Töpfen oder wurzelnackt im Handel erhältlich sind. Wurzelnackte Pflanzen sind preiswerter, haben aber den Nachteil, dass sie sofort nach Erwerb eingepflanzt werden müssen, da sonst die Gefahr besteht, dass die Wurzeln eintrocknen und die Pflanzen dann nicht mehr anwachsen. Die beste Pflanzzeit ist das zeitige Frühjahr. Auch im Herbst ist eine Pflanzung möglich, doch auf keinen Fall zu spät, damit die Pflanzen bis zum ersten Frost gut einwurzeln können.

Heben Sie für die Hecke einen Pflanzgraben aus, der um ein Drittel breiter und tiefer ist als die Ausdehnung der Wurzeln. Lockern Sie den Aushub und mischen Sie reife Komposterde unter. Bei schwerem Boden ist auch die Zugabe von Sand, Gesteins- oder Tonmehl (Bentonit) sinnvoll. Als Langzeitdünger verwenden Sie am besten Hornspäne, die Sie in den Pflanzgraben geben oder auch in den Aushub mischen.

Kappen Sie die Wurzeln der Stecklinge um etwa ein Viertel und schneiden Sie beschädigte Wurzeln ganz heraus. Danach geben Sie so viel von dem Aushub wieder in den Pflanzgraben, dass sich die Wurzelhälse der Buchspflanzen in Höhe der Erdoberfläche befinden. Füllen Sie nun die restliche Erde ein, wobei Sie darauf achten sollten, dass zwischen den Wurzeln keine Hohlräume bestehen bleiben. Drücken Sie zwischendurch die Erde immer wieder gut fest. Zum Schluss gießen Sie die Pflanzen gründlich an.

Einzelne Exemplare werden in ein ausreichend großes Pflanzloch gesetzt, dessen Ränder zusätzlich gelockert werden. Den Aushub, den Sie zum Verfüllen verwenden, sollten Sie mit Komposterde und etwas Langzeitdünger anreichern.

Hier ist gut zu sehen, wie die Jungpflanzen im ausgehobenen Pflanzgraben gleichmäßig ausgelegt werden. Danach wird der Graben mit Erde verfüllt und die Pflanzen werden gut angedrückt.

Auch größere Exemplare kommen in Pflanzlöcher, die ein Drittel größer sind als die Wurzelballen. Die Arbeitsschritte sind ansonsten die gleichen wie bei den bewurzelten Stecklingen. Meist werden die größeren Buchsbäume in Containern angeboten, die vom Frühjahr bis zum Herbst jederzeit gepflanzt werden können. Achten Sie beim Kauf auf kräftige Pflanzen mit gut durchwurzelten Topfballen. Allerdings sollten sich noch keine Ringwurzeln gebildet haben, sie sind ein Zeichen dafür, dass die Pflanzen schon zu lange im Container gestanden haben.

Bevor Sie die Containerpflanzen einpflanzen, stellen Sie sie zunächst so lange in ein Wasserbad, bis keine Luftblasen mehr aufsteigen. Ziehen Sie die Pflanzen danach vorsichtig aus dem Container. Drehen Sie diese dazu um und fassen Sie die Pflanze am Wurzelhals. Setzen Sie die Pflanzen so tief in die Pflanzlöcher, dass die Oberkante des Ballens ganz wenig unterhalb der Oberkante des Pflanzloches liegt (vorher die entsprechende Menge des gelockerten und angereicherten Aushubs einfüllen). Treten Sie danach die Erde im Pflanzloch gut fest und füllen noch einige Zentimeter Erde auf. Formen Sie einen Gießrand und wässern Sie gründlich und durchdringend.

EXPERTEN-TIPP

Buchs wird am besten bei trübem oder bedecktem Wetter gepflanzt, weil die Pflanzen dann weniger Wasser verdunsten. So verkraften sie den Umpflanzschock besser.

Pflege und Düngung

In der ersten Zeit nach der Pflanzung sollten Sie regelmäßig und großzügig gießen, damit die Gehölze gut anwachsen und sich rasch neue Feinwurzeln bilden. Auch später ist Buchsbaum für Wassergaben in Trockenzeiten dankbar, sowohl im Sommer als auch an sonnigen, frostfreien Wintertagen.

Damit der Buchsbaum gleichmäßig wächst und seine üppige, frischgrüne Belaubung behält, sollte er etwa einmal im Jahr gedüngt werden. Sie können dafür schnell wirkenden Mineraldünger verwenden, ebenso aber auch organischen Dünger wie etwa reifen Kompost. Achten Sie aber immer darauf, dass der Stickstoffanteil nicht zu hoch ist, damit die Pflanzen nicht zu weichtriebig werden, denn damit sind sie anfälliger für Schädlinge und auch die Winterhärte leidet darunter. Wenn der Buchsbaum als niedrige Einfassung um Blumen- oder Gemüsebeete steht, müssen Sie ihn nicht extra düngen, denn es gelangt genügend Dünger aus den Beeten dorthin.

Anders als im Garten kann sich das Wurzelwerk von Kübelpflanzen nicht beliebig ausdehnen, daher müssen sie von Zeit zu Zeit in größere Gefäße umgepflanzt werden. Bei Buchs sollte dies alle zwei Jahre geschehen. Die Größe des Kübels sollte ungefähr der Größe der Pflanze entsprechen. Beim Umtopfen ersetzen Sie auch gleich einen Teil der Erde durch frisches, mit Langzeitdünger angereichertes Pflanzsubstrat. In den Frühlings- und Sommermonaten düngen Sie zusätzlich ein Mal in der Woche mit Flüssigdünger. Bei längeren sommerlichen Hitzeperioden können Sie das Laub gelegentlich am frühen Morgen abduschen, um Schmutz und Staub zu entfernen. Damit der Wurzelballen im Kübel nicht austrocknet, müssen Sie täglich gießen, es sei denn, die Pflanze bekommt in ausreichender Menge Regen. Für einen guten Wasserabzug muss der Kübel an der Unterseite ein Loch besitzen, zusätzlich wird der Boden mit Kies oder Tonscherben bedeckt, damit die Erde nicht herausgespült wird.

Damit der Buchs gleichmäßig wächst, sollte er in der Wachstumsphase gelegentlich leicht gedüngt werden. Bei Mangelerscheinungen wie gelblichen Blättern hilft schnell wirkender, spezieller Buchsdünger.

*Der Wurzelballen
lässt sich zum Umtopfen
leichter herausheben,
wenn er vorher reichlich
gewässert wurde.*

AUTOMATISCHE BEWÄSSERUNG

Im Gegensatz zu frei im Boden wurzelnden Gewächsen steht Kübelpflanzen nur ein sehr begrenzter Erd- und Wurzelraum zur Verfügung. Sie sind daher bei der Wasser- und Nährstoffversorgung auf den Menschen angewiesen. Für Gärtner, die häufig übers Wochenende nicht zu Hause sind oder in den warmen, trockenen Sommermonaten in Urlaub fahren, ist eine automatische Bewässerungsanlage ideal. Es gibt verschiedene Verfahren, die unterschiedlich funktionieren. Man kann entweder Tropfschläuche, die über einen Bewässerungscomputer an den Wasserhahn angeschlossen werden, verwenden oder Systeme, die einfach und ohne viel Technik auskommen. Diese funktionieren durch Saugkraft. Aus einem Vorratsgefäß oder einem Wasseranschluss (Druckminderer erforderlich) werden Bewässerungsschläuche zu den Kübeln verlegt. An den Enden befinden sich Tonkegel, durch die nur soviel Wasser in die Blumenerde gelangt, wie die Pflanze benötigt.

Wichtig bei allen Bewässerungssystemen ist, dass sie schon etliche Wochen vor der Abwesenheit installiert und geprüft werden, um etwaige Schwachstellen zu eliminieren.

Formschnitt

So erhalten Sie eine gleichmäßige Kugelform:
Messen Sie mit einem Metermaß die Pflanze in Breite, Höhe und Durchmesser zunächst aus und notieren Sie sich die Maße.

Fertigen Sie anhand dieser Maße eine Schablone aus kräftiger Pappe an und schneiden Sie Rundung in der gewünschten Abmessung ein, die aber höchstens 2 bis 3 cm weniger als der aktuelle Durchmesser betragen sollte.

Anhand dieser Schablone schneiden Sie jetzt die Kugel zurecht.
Schieben Sie die Schablone beim Schneiden immer ein Stückchen weiter und schneiden Sie direkt an der Kante daran entlang.

Bis aus einer frisch gepflanzten Reihe Buchsbäumchen eine niedrige, aber dichte Einfassungshecke wird, vergehen mindestens 3 bis 4 Jahre. In dieser Zeit müssen die Pflanzen regelmäßig und kräftig zurückgeschnitten werden, damit das Wachstum und eine gute Verzweigung angeregt wird. Diese ersten Schnittmaßnahmen nennt man Erziehungsschnitt, da die Sträucher durch den Schnitt „erzogen", das heißt, zu der gewünschten Form hin aufgebaut werden. Würde man sie zunächst bis zur gewünschten Höhe frei wachsen lassen, bekämen die unteren Bereiche weniger Licht und es bestände die Gefahr des Verkahlens. Zudem würde die feine Verzweigung der äußeren Partien nicht angeregt, die den Buchs ja erst so gleichmäßig satt-grün werden lässt. Schneiden Sie den Buchs in den ersten Jahren am besten zweimal: Im Frühling, im März oder im April, und dann noch einmal im September. Dabei werden immer nur 1 bis 2 cm vom Zuwachs

Kontrollieren Sie zwischendurch immer wieder, ob die Kugel von allen Seiten gleichmäßig ist. Zum Schluss führen Sie die letzten Korrekturen freihändig aus.

Das fertige Ergebnis kann sich sehen lassen: ein perfekter kugelrunder Buchs, der die ganze Saison hindurch attraktiv und buschig bleibt.

Dieser Buchs soll in eine Kegelform geschnitten werden. Am besten eignen sich dafür schmale hochgewachsene Exemplare.

Die Grundform grob mit einer scharfen Heckenschere zuschneiden. Gehen Sie dabei immer um die Pflanze herum.

Zum Schluss schneiden Sie die Form noch einmal exakt nach. Betrachten Sie den Buchs zwischendurch von allen Seiten.

entfernt. Der Frühjahrsschnitt fällt in die stärkste Wachstumsphase und der Schnitt regt die Pflanze noch einmal kräfig an, frische Seitentriebe zu bilden. Der Septemberschnitt bringt die Pflanzen dann noch einmal leicht in Form.

Hat der Buchsbaum nach einigen Jahren die gewünschte Größe erreicht, genügt es, wenn er einmal im Jahr in Form geschnitten wird. Der beste Zeitpunkt dafür ist Mitte bis Ende Juni. Schon in historischer Literatur wird auf Johanni (24. Juni) hingewiesen, der als letzter Tag für den Rückschnitt von Gehölzen und für die Ernte von Spargel und Rhabarber gilt. Zu diesem Zeitpunkt werden Gehölze noch zu einem Neuaustrieb angeregt, der aber schwächer ausfällt als beim Frühjahrsschnitt. Etwa vier Wochen nach dem Schnitt zaubern die jungen Triebe frisches, weiches Grün in die Hecke, sodass angeschnittene Blätter nicht mehr zu sehen sind.

Bis aus einem Steckling eine Kugel mit einem Durchmesser von etwa 50 cm entsteht, vergehen gut und gerne fünf Jahre. Es werden aber überall fertig geschnittene Figuren angeboten, die Sie nur noch regelmäßig in Form schneiden müssen. Doch auch das ist für einen Neuling gar nicht so einfach.

Am besten erhalten Sie eine gleichmäßige Form, wenn Sie zunächst einen „Markierungsäquator" schneiden, der den gewünschten Umfang anzeigt. Danach schneiden Sie senkrechte Schneisen über den Scheitel hinweg. Zwischen den Markierungslinien schneiden Sie nun die restlichen Flächen. Ohne diese Markierungslinien würde leicht die Gefahr bestehen, dass die Kugel schief wird und man beim Schneiden am Ende nach einer Umrundung nicht mehr zum Anfangspunkt gelangt. Auch selbst gebastelte Pappschablonen leisten bei der Kontrolle gute Dienste.

Etwas einfacher ist das Schneiden von Würfeln und Kegeln. Dabei können Sie sich kleine Hilfskonstruktionen aus Stäben und Schnüren bauen, an denen Sie entlangschneiden.

Wenn Sie sich an Spiralen wagen möchten, gehen Sie folgendermaßen vor: Pflanzen Sie zusammen mit dem jungen Buchsbaum einen Stab. Der Haupttrieb der Pflanze wird in den folgenden Jahren um den Stab herum geleitet, Nebentriebe entfernt und Seitentriebe stark eingekürzt. Es dauert allerdings einige Jahre, bis Sie eine dicht gewachsene Spirale erhalten, in der ersten Zeit haben Sie eine eher lockere Form.

Hecken einmal anders

In diesem Bauerngarten steht ein interessant geschnittener Buchsbaum als Wächter vor dem Eingangstor aus Eibe.

BUCHS – VIELSEITIGE HECKENPFLANZE

Hecken müssen nicht immer schnurgerade sein. Besonders in Verbindung mit Blattschmuckpflanzen wirken wellenförmig geschnittene Einfassungen und Bänder sehr ansprechend. Sie können Hecken auch abgestuft oder angeschrägt in verschiedenen Höhen schneiden. So ergeben sich je nach Blickpunkt interessante Perspektiven.

Eine weitere Möglichkeit wäre, eine an sich gerade Hecke durch regelmäßig wiederkehrende höhere Elemente aufzulockern. Ähnlich den Pfosten eines Zaunes lässt man in regelmäßigen Abständen Bereiche höher stehen. Ebenso kann man diese Bereiche auch breiter lassen, um den Charakter des Pfostens zu verstärken. Die Abstände, die Breite und die Höhendifferenz hängen dabei von der Gesamthöhe der Hecke ab: Je höher sie ist, desto ausgeprägter sollten die Höhenunterschiede sein, umso weiter aber auch der Abstand zwischen den Elementen und ihre Breite.

Wenn Sie Spaß an unkonventionellen Ideen haben, geben Sie ihren Blumen- oder Nutzbeeten doch einmal ungewöhnliche Formen, die Sie mit Buchs einfassen. Das können zum Beispiel Herz- oder Ballonformen sein.

Die beiden Kegel sind in perfekte Zuckerhut-Form geschnitten und setzen markante Blickpunkte im Beet.

DAS RICHTIGE SCHNEIDEWERKZEUG

Um perfekt geformte, sattgrüne Hecken und Skulpturen zu erhalten, sollten Sie an der richtigen Schere nicht sparen. Auf jeden Fall muss sie scharf sein, da es sonst zu Quetschungen kommt. Beim Schnitt gequetschte Blätter trocknen am Rand ein und verfärben sich gelb, sodass die Pflanze einen kränklichen Eindruck macht.

Hecken werden am besten mit einer so genannten Einhand-Formierschere geschnitten, die zwei scharfe Schneiden besitzt. Amboss-Scheren sind weniger geeignet, da bei ihnen die Gefahr von Quetschungen nie ganz auszuschließen ist.

Für kleinere Hecken eignet sich auch eine gute Rasenschere, die allerdings regelmäßig und fachmännisch nachgeschliffen werden muss.

Für den Schnitt von Figuren schwören viele Fachleute auf die Schafschere, die in der Handhabung allerdings etwas gewöhnungsbedürftig ist.

Besonders bei etwas höheren Hecken, kann man auch auf moderne akkubetriebene Heckenscheren oder spezielle Buchsbaumscheren zurückgreifen.

Damit Ihre Schneidewerkzeuge immer gut in Form bleiben, sollten Sie sie regelmäßig pflegen. Scheren werden nach Gebrauch gründlich gereinigt und an einem trockenen Platz, am besten im Geräteschuppen oder im Keller, aufbewahrt. Vor der Winterpause sollten Sie die Schneiden leicht mit Öl einfetten, um die Bildung von Rost zu verhindern. Kabel und Stecker elektrischer Heckenscheren sollten Sie regelmäßig auf Unversehrtheit überprüfen. Alle Werkzeuge gehören an Orte, die für Kinder unzugänglich sind!

Die Kunst des Topiari

Dieser Buchs soll zu einem Fasan geformt werden. Dafür benötigen Sie Drahtschlingen für Bauch und Kopf.

Der Schwanz wird an einem langen Drahtstück befestigt, indem man ihn locker mit Draht umwickelt.

MÄRCHENHAFTE FIGUREN

Um Buchs zu Tierfiguren oder Ähnlichem zu formieren, benötigt man festen Draht, der in die gewünschte Form gebogen wird. An diesen Drahtschlingen werden die Triebe entlanggeleitet und befestigt. Um schnell eine geschlossene Oberfläche zu erhalten, durch die man die Drahtkonstruktion nicht mehr sieht, wird der Buchs zwei bis drei Mal im Jahr geschnitten. Trotzdem wird es mindestens vier bis fünf Jahre dauern, bis eine fertige Figur entstanden ist. Topiari ist also nichts für Ungeduldige. Auch die hohen Preise für fertig geschnittene Buchsfiguren erklären sich durch den hohen Arbeitsaufwand und die Zeit bis zur Verkaufsreife.

Einfacher und ohne Hilfe von Drahtgerüsten können Sie Formen schneiden, die auf einfachen Grundformen basieren. Eine kleine Sammlung eiförmig geschnittener Buchsbäume in unterschiedlichen Größen, aus Sorten mit verschieden farbigem Laub, könnten etwa in einem Nest aus panaschierten, bodendeckenden Gräsern wie zum Beispiel der Weißgestreiften Japan-Segge (*Carex morowii* 'Variegata') liegen.

Auch an den Drahtschlingen werden die Buchszweige entlanggeführt und befestigt. Zum Schluss werden die überstehenden Triebe abgeschnitten, so dass die Form erstmals zu erkennen ist.

TOPIARI IM HAUSGARTEN

Viele Topiari-Elemente, besonders die auffälligen Tierfiguren, kommen am besten an einem exponierten Platz zur Geltung. Sie können etwa die Endpunkte einer Hecke markieren oder mitten auf dem Rasen ste-

Das Beet ist abwechslungsreich gestaltet mit Buchs in verschiedenen Schnittformen und Strauchrosen, die für Farbe sorgen.

hen, wo sie von allen Seiten bewundert werden können. Stehen solche Plätze nicht zur Verfügung, pflanzt man sie am besten in Kübel und stellt sie in die Nähe von Sitzgelegenheiten, damit man sie gut betrachten kann.

GEOMETRISCHE FORMEN

Formen wie Würfel, Obelisken oder abgewandelte Kugelelemente können Sie auch gut in formale Beete integrieren. So lassen sich Rosen hervorragend mit streng geschnittenem Buchs kombinieren, etwa durch die klassische Einfassungshecke, die um das Rosenbeet herumführt. Doch auch zwischen die Rosen gesetzte Buchsskulpturen wirken harmonisch und edel als Begleiter und lockern eine allzu streng wirkende

Pflanzung auf. Zudem vermittelt das neutrale Grün zwischen verschiedenen Blütenfarben, die sonst nicht direkt nebeneinander gepflanzt werden könnten.

An Stellen, an denen nur schmale Beete möglich sind, wie an einem engen Durchgang, können hohe, schmale Buchsfiguren als auflockerndes Element eingesetzt werden. Höhere Stauden und Sträucher können an solchen Standorten meist nicht verwendet werden, da sie sich eben auch in die Breite entwickeln. Zusammen mit niedrigen Stauden sorgen Buchsfiguren für eine abwechslungsreiche Pflanzung, die auch im Winter interessant ist. Am besten eignen sich hierfür Kegel, schmale Pyramiden und aufrechte Eiformen. An schattigen Standorten sollten Sie dabei ruhig Sorten mit gelbgrünem Laubaustrieb wie 'Aureovariegata' wählen.

Buchs vermehren

Ein kräftiger Zweig bietet reichlich Material für Risslinge. Diese werden einfach mit einem scharfen Ruck abgerissen. Sehr praktisch zum Stecken sind Multitopfpaletten.

STECKLINGSVERMEHRUNG

Die beste Methode, schnell eine größere Menge Buchsbaumpflanzen zu erhalten, ist die Anzucht von Stecklingen. Der ideale Zeitraum für die Abnahme von Stecklingen sind die Monate August bis Oktober. Am besten wachsen Buchsstecklinge an, wenn sie von der Mutterpflanze nicht geschnitten, sondern abgerissen werden. Dazu reißt man etwa 10 bis 15 cm lange einjährige Triebe mit einem Ruck aus den Zweigachseln ab. Jahrestriebe sind im Spätsommer noch nicht zu stark verholzt aber bereits kräftig genug. Risslinge bewurzeln besser als geschnittene Zweige, da die Oberfläche des sichtbaren

EXPERTEN-TIPP

Sie können auch Zweige, die beim Heckenschnitt anfallen, für die Stecklingsvermehrung nutzen. Um eine bessere Bewurzelung zu erzielen, tauchen Sie die Schnittflächen kurz vor dem Stecken in ein Bewurzelungshormon.

Kambiumringes (das Gewebe unter der Rinde), an dem sich neue Wurzeln bilden, größer ist.

Besonders wenn Sie die Absicht haben, einen Bauerngarten komplett mit Buchsbaumhecken zu gestalten, ist der Kauf auch von kleineren Pflanzen ein teures Vergnügen. Eine etwas preiswertere Variante ist der Kauf von bewurzelten Stecklingen, die von einigen Baumschulen angeboten werden. Vieles spricht daher für die eigene Anzucht von Stecklingen.

Bei ausgefallenen Sorten ist die eigene Vermehrung sogar oft die einzige Möglichkeit, die begehrten Exemplare zu ergattern.

Von den Risslingen werden die Blätter des untersten Drittels vollständig entfernt, danach steckt man sie leicht schräg bis zum untersten verbliebenen Blatt direkt ins Beet. Am besten eignen sich leicht beschattete Standorte. Angießen nicht vergessen! Das Steckbeet darf bis zur Wurzelbildung nicht austrocknen, daher sollten Sie es regelmäßig kontrollieren und bei Bedarf gießen.

Falls Sie keinen geeigneten Platz im Garten haben, um die Stecklinge unterzubringen, können Sie natürlich auch Töpfe und Schalen verwenden, die auf der Terrasse an einem schattigen, geschützten Ort stehen. Die Töpfe werden mit einem Gemisch aus Garten- und Anzuchterde gefüllt. Im Spätsommer des folgenden Jahres werden die Jungpflanzen dann an den vorgesehen Standort gesetzt.

Haben Sie die Absicht, eine umfangreichere Einfassungshecke anzulegen, können Sie die Stecklinge auch direkt an Ort und Stelle stecken. Bereiten Sie dafür den Pflanzplatz gut vor, indem Sie den Boden lockern und das Unkraut entfernen. Später können Sie auch etwas Langzeitdünger einarbeiten. Die Stecklinge werden im Abstand von etwa 5 bis 8 cm gesteckt. Falls einige Stecklinge nach vier bis sechs Wochen noch nicht bewurzelt sind, werden sie durch neu gewonnene ersetzt.

Fangen Sie daher am besten gleich Anfang August mit dem Stecken an, da auch die Ersatzstecklinge nicht später als im August gesteckt werden sollten, oder kalkulieren Sie von vornherein eine gewisse Anzahl an Stecklingen als Reserve ein, da sicher nicht alle anwachsen werden.

RISSLINGE FÜR DIE STECKLINGSVERMEHRUNG

Für die Gewinnung von Stecklingen werden wenig verholzte Triebe direkt an den Achseln abgerissen.

Die Blätter, die in den untersten 3 cm des Triebes sitzen, werden entfernt.

Die Risslasche kann dann noch mit einem scharfen Messer etwas eingekürzt werden. Arbeiten Sie dabei von der Gegenseite der Rissrichtung her.

Stecklingsvermehrung Schritt für Schritt

Die Stecklinge werden senkrecht 1 bis 2 cm tief in die Erde gesteckt. Die Löcher können Sie vorher mit einem Pikierstäbchen vorbohren. Danach gut mit den Fingerspitzen andrücken und vorsichtig gießen.

Eine schnellere Bewurzelung ist gewährleistet, wenn eine durchsichtige Haube über das Anzuchtgefäß gestülpt wird, die aber nicht völlig dicht schließen sollte. Kleine zwischengelegte Hölzchen sorgen für Luftaustausch.

Sobald sich die ersten neuen Triebspitzen gebildet haben, kann die Abdeckung entfernt werden. Das Anzuchtgefäß sollte nun an einem hellen, aber nicht sonnigen Platz 1 bis 2 Wochen weiterkultiviert werden, eventuell auch auf der Terrasse.

Wenn sich zahlreiche neue Blätter gebildet haben, ist es Zeit, die Pflanzen zu pikieren. Sie werden vorsichtig mit dem Pikierstab aus der Erde gehoben und einzeln oder auch in Dreiergruppen in Töpfe gesetzt.

Pflanzenschutz

Probleme alt und neu

Der Buchsbaum (*Buxus sempervirens*) ist in Mitteleuropa heimisch. Man findet ihn als Wildgehölz in milden Lagen, in Gartenanlagen werden verschiedene Zierformen, meist als Beetumrandung oder als Heckenpflanzen verwendet. In Bezug auf Krankheiten galt Buchs lange Zeit als unproblematisch. Das änderte sich in den vergangenen Jahren drastisch. So traten vermehrt in verschiedenen Gegenden absterbende Zweige an Buchsbäumen auf . Auf den geschädigten Pflanzen wurden die pilzlichen Krankheitserreger *Cylindrocladium buxicola* und *Volutella buxi* festgestellt. Beide Pilzarten können an Buchs ein markantes Triebsterben verursachen. Beim *Cylindrocladium*-Triebsterben handelt es sich um eine neue Krankheit, die seit etwa 2006 an Buchs Schäden verursacht. Vermutlich wurde der Erreger unbeabsichtigt mit infizierten Buchspflanzen eingeführt.

Auch früher wurde Buchs schon von diversen Schädlingen und Krankheiten heimgesucht. Nur erholten sich die Pflanzen bei entsprechender Pflege meist wieder, außerdem haben sich die Erreger nicht so rasend schnell ausgebreitet. Tierische Schädlinge lassen sich zudem in der Regel mit wirksamen Präparaten bekämpfen, wenn es wirklich nicht anders gehen sollte. Für die neuen pilzlichen Krankheiten wurden leider noch keine zuverlässigen Bekämpfungsmittel gefunden.

Daher raten die Pflanzenschutzdienste zu vorbeugenden Maßnahmen:

▸ Bei Neupflanzungen ist auf gesundes Pflanzenmaterial und auf weniger anfällige Sorten zu achten. Besonders anfällig ist *Buxus sempervirens* 'Suffruticosa'.

▸ Nach Möglichkeit sollten Standorte gemieden werden, wo bereits einmal die Krankheit festgestellt worden ist.

▸ Mit geeigneten Schnittmaßnahmen kann ein schnelleres Abtrocknen der Pflanzen gefördert werden. Beim Wässern der Pflanzen ist darauf zu achten, dass die Blätter trocken bleiben.

▸ Werden befallene Zweige oder Pflanzen entdeckt, so sollten diese entfernt und vernichtet werden. Von der Kompostierung dieses Pflanzenmaterials wird abgeraten.

Bald ein Bild der Vergangenheit? Kräftig grüner Buchs, strotzend vor Wuchskraft.

Unspezifische Krankheitsbilder

Sonnenbrand

Unspezifische Blattrandvergilbung

SONNENBRAND

Besonders nach einem Rückschnitt, der bei praller Sonne durchgeführt wurde, kann es leicht zu Sonnenbrand an den Blättern und jungen Trieben kommen. Sonnenbrand ist an den anfangs weißlichen, später bräunlich eintrocknenden Blattstellen erkennbar. Schneiden Sie daher nur bei bewölktem Wetter.

MANGELERSCHEINUNGEN

Wenn der Buchsbaum gelbe Blätter bekommt, ist meist Nährstoffmangel schuld. Auch zu saurer Boden kann die Ursache sein. Am besten lässt man den Boden analysieren und gibt bei Bedarf die fehlenden Nährstoffe dazu. Zur Erhöhung des pH-Wertes kann man vorsichtig Kalk in den Boden einarbeiten.

MANGELERSCHEINUNGEN VORBEUGEN

In trockenen Perioden sollten Sie bei Buchs in Töpfen und Kübeln regelmäßig die Feuchtigkeit des Pflanzsubstrates überprüfen. Stecken Sie dazu einen Finger in die Erde oder klopfen Sie von außen gegen den Topf. Fühlt sich die Erde trocken an oder klingt der Topf hohl, muss gegossen werden. Da Buchs immergrün ist und daher ständig Wasser braucht – auch im Winter – kann es schnell zu Trockenschäden kommen.

EXPERTEN-TIPP

Verdichtete Böden und zu niedrige pH-Werte schwächen den Buchsbaum. Zur Stärkung sollten Sie regelmäßig Algenkalk und Gesteinsmehl verabreichen und den Boden lockern. Ebenso sollten Sie sparsam mit mineralischen Düngern sein, denn dadurch werden die Blätter weich und somit anfälliger für Pilzbefall aller Art. Gut geeignet sind Hornspäne.

Buchs, der lange Zeit im Schatten gestanden hat (oder im Schatten wuchs und umgepflanzt werden soll), muss an einem sonnigeren Standort anfangs mit einem leichten Vlies vor Sonnenbrand geschützt werden.

Eine angemessene und ausreichende Düngung sorgt dafür, dass Ihr Buchs gesund und widerstandsfähig gegen Krankheiten bleibt. Hier gilt jedoch: durch zu großzügige Düngergaben werden die Triebe weich und mastig sowie anfällig für Krankheiten.

Tierische Schädlinge

WEICHHAUTMILBEN

Symptome: Weichhautmilben sind sehr klein (0,1–0,3 mm), länglich oval und gelb-durchsichtig. Sie meiden das Licht und leben an Stellen mit hoher Luftfeuchte. Charakteristisch sind die Verformungen der Blätter, die Saugschäden an den Blüten und gelbliche Flecken an den Blättern.

Bekämpfung: Weichhautmilben können mit Hilfe von Raubmilben bekämpft werden, die im Fachhandel erhältlich sind.

Vorbeugung: Regelmäßige Kontrolle der Pflanzen und mäßige Düngung, auf keinen Fall stickstoffbetont.

SPINNMILBEN

Symptome: Spinnmilben sind vorwiegend auf der Blattunterseite zu finden, wo sie dichte Gespinste weben. Sie schädigen die Pflanzen durch das Saugen an einzelnen Blattzellen. Dies führt zu gelblichen Flecken auf den Blättern, die dann vergilben und vertrocknen. Bei kürzer werdender Tageslänge und niedriger Temperatur gehen die Weibchen in die Überwinterungsform über, in der sie rot gefärbt sind (Daher auch der Name Rote Spinne).

Bekämpfung: Durch den Einsatz von Raubmilben. Bei sehr starkem Befall helfen nur chemische Spritzmittel oder, um wenigstens eine Ausbreitung zu vermeiden, starkes Zurückschneiden, bzw. die Vernichtung der betroffenen Pflanzen.

Vorbeugung: Regelmäßige Kontrolle der Pflanzen und mäßige Düngung, auf keinen Fall stickstoffbetont.

BUCHSBAUMGALLMÜCKE

Symptome: An den Blattoberseiten treten ab August nahe der Mittelrippe gelbliche runde Flecken auf. Blattunterseits sind blasenartige Aufwölbungen zu finden, in denen mehrere, zunächst weißliche, später orange fußlose Larven fressen und überwintern. Bei starkem Befall können einzelne Blätter abfallen oder auch ganze Triebe vertrocknen. Mitte Mai schlüpfen

54

Spinnmilbenbefall erkennt man an den feinen Flecken, die durch die Saugtätigkeit entstehen.

Einen Befall mit Weichhaut- oder Buchsbaumgallmilben erkennt man an verkrüppelten Blättern.

die ebenfalls orangefarbenen Mücken und legen ihre Eier bevorzugt in die jüngsten Blätter ab.

Bekämpfung: Befallene Triebe sollten im zeitigen Frühjahr ausgeschnitten, entfernt und nicht kompostiert werden.

Vorbeugung: Regelmäßige Kontrolle der Pflanzen, besonders im Frühjahr.

BUCHSBAUMZÜNSLER

Problematische Sorten: 'Suffruticosa'.

Symptome: Befallene Buchsbäume sind hellbeige gefärbt. Die Blätter werden bis auf das Gerippe abgefressen. Die Raupen fressen, wenn sie die Blätter vollständig vernichtet haben, auch noch die grüne Rinde um die Zweige herum bis auf das Holz ab. Alle Teile oberhalb diesen Fraßstellen sterben schließlich ab. Die ganze Pflanze ist eingesponnen. In den Gespinsten hängen helle Kotkrümel der Raupen.

Bekämpfung: Eine Bekämpfung des Buchsbaumzünslers ist nicht ganz einfach, die Tiere arbeiten sich von innen nach außen vor, so dass der Buchsbaum häufig schon zerstört ist, bevor der Schaden an den Blättern sichtbar wird. Durch dichte Gespinste bilden sich die Raupen zusätzlich einen Schutz. Als Bekämpfungsmaßnahme für den Haus- und Kleingarten wird ein Absammeln der Raupen, das Herausschneiden der Gespinste und Befallsnester sowie eine Entsorgung über die Restmülltonne (nicht auf den Kompost geben!) empfohlen.

Vorbeugung: Regelmäßige Kontrolle der Pflanzen, dabei sollte besonders auf Blätter und Blattstiele geachtet werden, denn dort werden die Eier abgelegt.

Resistente und tolerante Sorten: 'Arborescens', 'Blauer Heinz', 'Herrenhausen'.

BUCHSBAUMFLOH

Symptome: Löffelartige Deformation der Blätter bereits im Frühjahr, weiße Wachsfäden sind gut zu erkennen. Die Verformungen werden durch die Saugtätigkeit der nur wenige Millimeter großen, abgeflachten Larven verursacht. Zusätzlich sondern die Larven größere Mengen Honigtau ab, auf denen sich durch Rußtaupilze schnell ein schwarzer Belag bildet. Ende Mai/Anfang Juni erscheinen die grünlichen, geflügel-

Raupen des Buchsbaumzünslers mit typischer grün-schwarzer Zeichnung.

Weiße Wachsfäden an den Triebspitzen stammen vom Buchsbaumfloh.

ten erwachsenen Tiere, die zusätzlich mit Sprungbeinen ausgestattet sind. Sie verlassen so schon bei leichter Berührung die Pflanze. Ab Ende Juli werden gelbliche Eier in die Blattknospen abgelegt.

Bekämpfung: Ein sorgfältiger Herbstschnitt ist wichtig, da die jungen Larven hinter den Blattknospen in ein weißes Wachssekret eingehüllt, überwintern.

Vorbeugung: Regelmäßige Kontrolle der Pflanzen und Entfernen befallener Zweige

SCHILDLÄUSE

Symptome: Schildläuse lassen sich an ihrem großen schwärzlichen oder braunen Schild erkennen. Sie sitzen an den Zweigen oder Blättern und saugen daraus den Pflanzensaft. Bei starkem Befall wird der Pflanze so viel Saft entzogen, dass Teile absterben.

Bekämpfung: Durch ihren Schild sind die Läuse meist so gut geschützt, dass man mit konventionellen Mitteln keinen Erfolg erzielt. Ist der Befall nur leicht, kann man die Läuse abwischen bzw. abkratzen. Bei stärkerem Befall sind systemische Bekämpfungsmittel sinnvoll. Eine ungiftige Alternative sind ölhaltige Mittel. Das feinstverteilte Öl verschließt die Schilder luftdicht mit dem Untergrund, sodass die Schädlinge ersticken. Allerdings sollten diese Mittel mit einem Pinsel nur auf den Stamm und die Äste aufgetragen werden, da Blätter bei der Behandlung mit absterben.

Vorbeugung: Regelmäßige Kontrolle und sofortige Entfernung der Schädlinge im Anfangsstadium.

Kommaschildlaus an der Blattunterseite.

Runde Fraßstellen am Blattrand sind typisch für den Dickmaulrüssler.

DICKMAULRÜSSLER

Symptome: Immer vom Rand ausgehend fressen die Käfer kleine Buchten in die Blattfläche. Der Dickmaulrüssler ist 9–12 mm lang und kann nicht fliegen. Dadurch ist es möglich, die schwarzen Tiere abzulesen. Sie fressen aber meistens nachts, tagsüber ist er in den oberen Bodenschichten oder an dunklen Orten verborgen. Größeren Schaden verursachen die engerlingsähnlichen Larven, die bis zu 12 mm groß werden und im Boden die Wurzeln anfressen.

Bekämpfung: Die Larven, die überwiegend im Sommer auftreten, können mit parasitären Nematoden (Fadenwürmer, im Fachhandel erhältlich) bekämpft werden. Für die Pflanzen und andere Tiere sind diese Nematoden völlig unschädlich. Sie werden mit Gießwasser vermischt und über den Wurzelballen vergossen. Der Boden sollte zwei bis drei Wochen ausreichend gewässert werden. Zwei gute Einsatzperioden sind der 20. April bis Ende Mai und die Zeit vom 25. August bis zum 30. September, wenn die Junglarven der neuen Käfergeneration eine bestimmte Größe erreicht haben. In der Zeit zwischen diesen Terminen besteht keine wirkungsvolle Anwendungsmöglichkeit für diese Nützlinge.

Vorbeugung: Regelmäßiges Absammeln der Käfer.

Pilzkrankheiten

CYLINDROCLADIUM-TRIEBSTERBEN

Problematische Sorten: 'Suffruticosa'

Symptome: Zunächst verfärben sich die Blätter braun, fallen dann kurze Zeit später zu Boden und befallene Triebe sterben ganz ab. Im Spätstadium wird auch das Wurzelsystem befallen. So können befallene Pflanzen innerhalb weniger Wochen vollkommen absterben. Hohe Temperaturen und feuchte Witterung begünstigen die Ausbreitung dieses neuen, bislang noch recht unerforschten und aggressiven Erregers. Die Sporen werden durch den Wind verbreitet und der Pilz dringt in Triebe und Blätter ein.

Bekämpfung: Ein wirksames Mittel zur Bekämpfung ist zurzeit noch nicht auf dem Markt. Bei Verdacht Pflanzenteile vom Pflanzenschutzdienst begutachten lassen. Im Anfangsstadium radikal zurückschneiden.

Vorbeugung: Heruntergefallenes Laub befallener Pflanzen immer so schnell wie möglich, am besten regelmäßig, entfernen und dann nicht auf dem Kompost, sondern in den Hausmüll geben. Sinnvoll ist eine vorbeugende Behandlung nicht infizierter Pflanzen mit den zugelassenen Pflanzenschutzmitteln auf der Basis des Wirkstoffs Azoxystrobin.

Vor allem nach dem Schnitt und bei feuchter Witterung sind regelmäßige Behandlungen mit dem Fungizid im Abstand von einer Woche sinnvoll.

Generell gilt: Pflanzen, die an offenen, windexponierten Stellen stehen, werden kaum befallen. Schnelles Abtrocknen nach einem Regen ist so möglich.

Resistente und tolerante Sorten: Die Sorten 'Blauer Heinz' und 'Herrenhausen'. Erstere wird in einigen Quellen aber auch als anfällig beschrieben.

Braunverfärbte Blätter sind ein typisches Symptom für das Cylindrocladium-Triebsterben.

VOLUTELLA-TRIEBSTERBEN

Problematische Sorten: 'Suffruticosa'

Symptome: Nach einem Befall erscheinen auf der Blattoberseite dunkle bis fahlgelbe Flecken. Die dunkelgrüne Farbe hellt sich auf und das Blatt vertrocknet, bevor es abfällt. Auf der Blattunterseite und auch an befallenen Trieben kommt es bei hoher Luftfeuchtigkeit zur Ausbildung von rosafarbenen Sporenlagern. In den Sporenlagern werden die für die Verbreitung der Krankheit verantwortlichen Konidiosporen gebildet. Bei starkem Befall sterben die Triebe ab.

Bekämpfung: Eine begrenzte Anzahl von Fungiziden ist für die Indikation „Zierpflanzen allgemein – Blattfleckenpilze" zugelassen. Lassen Sie sich im Fachhandel beraten!

Vorbeugung: Nach Möglichkeit Standorte meiden, an denen bereits einmal die Krankheit aufgetreten ist. Beim Wässern der Pflanzen ist darauf zu achten, dass die Blätter trocken bleiben. Befallene Pflanzenteile sofort abschneiden. Nicht auf den Kompost, sondern in die Mülltonne geben. Desinfektion der Schnittwerkzeuge, regelmäßig nach jedem Gebrauch. Gesundes Pflanzmaterial verwenden.

Resistente und tolerante Sorten: 'Arborescens'; mit Einschränkung auch 'Herrenhausen'.

BUCHSBAUMROST

Problematische Sorten: Es gibt keine spezifischen Sortenunterschiede bezüglich der Anfälligkeit.

Symptome: Braunrot gefärbte kleine, bis 2 mm große Sporenklumpen, die sowohl auf der Blattunterseite als auch der Blattoberseite auftreten. Erstmals beschrieben wurde der Pilz Anfang des 19. Jahrhunderts. Der Rostpilz bevorzugt offenbar ältere Buchsbäume und ist daher häufiger in Parkanlagen und auf Friedhöfen anzutreffen.

Bekämpfung: Behandlung mit einem zugelassenen Fungizid nach Angaben des Herstellers. Lassen Sie sich im Fachhandel beraten.

Vorbeugung: Regelmäßige Kontrolle, Entfernung befallener Pflanzenteile; Entsorgung von Schnittgut in der Mülltonne, nicht in den Kompost geben.

Typische Symptome für das Volutella-Triebsterben an einer Buchshecke.

Buchsbaumrost erkennt man an den braunroten Sporenlagern auf der Blattober- und -unterseite.

Ersatz für Buchs

Je nach Einsatzart kommen unterschiedliche Gehölze als Ersatz für Buchs infrage. Als niedrige Immergrüne für die Einfassung von Beeten oder für Knotengärten sind verschiedene Arten geeignet. Die Kriterien hierfür sind: Die Gehölze sollten kleinblättrig sein und moderat im Zuwachs. Auch ein gleichmäßiger Wuchs ist wichtig, damit möglichst lange die geschnittene Form erkennbar bleibt. Die Auswahl geeigneter Gehölze zu diesem Zweck ist relativ übersichtlich, denn die meisten Gehölze wachsen nämlich doch recht kräftig, sodass man häufiger schneiden müsste.

Am besten eignen sich zu diesem Zweck die Steineibe (*Podocarpus nivalis*) und die Immergrüne Heckenkirsche (*Lonicera nitida*). Beide Arten zeichnen sich durch ein sehr feines Gesamtbild aus und wachsen ziemlich langsam.

Ansonsten kommen am ehesten verschiedene, zum teil immergrüne Halbsträucher infrage, die ein- bis zweimal im Jahr zurückgeschnitten werden. Dies wären zum Beispiel die Eberraute (*Artemisia abrotanum*), der Ysop (*Hyssopus oficinalis*), das Heiligenkraut (*Santolina rosmarinifolia*) oder der Garten-Gamander (*Teucrium x lucidrys*).

*Immergrüne Heckenkirsche (*Lonicera nitida), hier eine weiß-grün panaschierte Sorte, eignet sich hervorragend *für niedrige Schnitthecken und als Buchsersatz.*

GEEIGNETE ERSATZPFLANZEN

Botanischer Name	Deutscher Name	Laub	Ansprüche
Artemisia abrotanum	Eberraute	blau-silber	Sonne, warmer Standort
Hyssopus officinalis	Echter Ysop	graugrün	Sonne, durchlässiger Boden
Santolina rosmarinifolia	Heiligenkraut	silbergrau	Sonne, durchlässiger Boden
Teucrium x lucidrys	Garten-Gamender	grüngrau	Sonne, durchlässiger Boden

HÖHERE HECKEN

Für höhere Hecken und Skulpturen finden sich etliche Ersatz-Gehölze. Aber auch hier sind nicht alle Arten und Sorten dem Buchs im Erscheinungsbild wirklich ähnlich.

Mit relativ buchsähnlichem Laub kann der Löffel-Ilex aufwarten. Die meisten Sorten wachsen aber lockerer als Buchsbaum. Eine neue vielversprechende Sorte ist 'Blondie', die schlank aufrecht wächst und sich dicht verzweigt. Auch Liguster (*Ligustrum vulgare* 'Atrovirens') hat dem Buchsbaum ähnliche Blätter, wirkt aber insgesamt gröber. Auf jeden Fall sollte man darauf achten, nur die Sorte 'Atrovirens' zu verwenden, da die Art selber nicht völlig immergrün ist und außerdem wuchert. Für niedrigere Hecken ist auch die Sorte 'Lodense' geeignet, besonders an halbschattigen Standorten.

NADELGEHÖLZE

Das beste Nadelgehölz für höhere Hecken ist die Eibe, deren Nadeln noch viel feiner wirken als die Blätter kleinblättriger Buchsbaum-Sorten. Durch ihren besonders dichten Wuchs lassen sich aus ihr auch sehr feine Konturen herausarbeiten. Besonders empfehlenswert sind die verschiedenen Hecken-Eiben, spezielle Züchtungen, die sehr dicht wachsen. Lebensbaum (*Thuja*), Scheinzypresse (*Chamaecyparis*) und Wacholder (*Juniperus*) haben hingegen ein gröberes Erscheinungsbild. Farblich tendieren sie fast alle zu Blau- oder Gelbtönen. Einige Sorten sind auch frischgrün, wie die Thuja-Sorten 'Smaragd' und 'Brabant'.

Schöner Ersatz für dichte Buchshecken: der Lebensbaum (Thuja occidentalis)

KÜBELPFLANZEN

Wer Buchs-Ersatz für den Kübel sucht, kann auf *Ligustrum ionandrum* zurückgreifen. Er wird meist als Kugel-Liguster angeboten, lässt sich aber auch in sämtliche andere Figuren schneiden. Diese Art ist allerdings nicht winterhart und muss im Winter an einen frostfreien Platz gestellt werden. Bedingt winterhart sind auch die Sorten des Japanischen Spindelstrauches (*Euonymus japonicus*). In milden Gegenden kann man auch geschnittene Skulpturen in Gärten sehen, ansonsten ist eine Kübelpflanzung sicherer.

TOLERANTE UND RESISTENTE BUCHSSORTEN

Sorte	Wuchs	Laub	Bemerkungen
'Herrenhausen'	kissenförmig	hellgrün, schmal, klein	Microphylla-Sorte
'Elegantissima'	locker	grün mit gelbem Rand	für Schatten geeignet
'Faulkner'	breit, dichtbuschig	dunkelgrün, klein, glänzend	Microphylla-Sorte
sempervirens var. *arborescens*	dichtbuschig, kräftig	dunkelgrün, mittelgroß	

Die besten Arten

Buxus sempervirens var. *arborescens*

Buxus sempervirens 'Blauer Heinz'

Laub: Das Laub ist dunkelgrün, elliptisch und von ungleichmäßiger Größe (1 bis 3 cm lang).

Wuchs: Ungeschnitten wird diese Varietät bis zu 8 m hoch und wächst dabei zu einem mehrstämmigen Baum heran. Geschnitten bleibt der Wuchs dichtbuschig.

Verwendung: *Buxus sempervirens* var. *arborescens* ist die am häufigsten verwandte Sorte und eignet sich gut für hohe Schnitthecken, aber auch als Solitär. Für den Formschnitt ist er bedingt geeignet, denn er verholzt sehr stark. Die Frosthärte ist gut.

Laub: 'Blauer Heinz' zeichnet sich durch eine besonders intensive blaugrüne Laubfärbung aus. Die einzelnen Blätter sind etwa 2 cm lang und haben eine breit ovale Form. Sie stehen sehr dicht, so dass die Pflanze immer einen geschlossenen Eindruck macht.

Wuchs: Die Sorte wächst außerordentlich kompakt und langsam. Ungeschnitten erreicht sie auch nach etlichen Jahren lediglich eine Höhe von 10 bis 15 cm.

Verwendung: 'Blauer Heinz' ist die ideale Sorte für niedrige Einfassungen. Durch ihren kompakten Wuchs muss sie nur wenig beschnitten werden. Auch die Winterhärte ist sehr gut.

WEITERE SORTEN

'Hollandia': Aufrechter, gleichmäßig verzweigter Strauch mit schmal eiförmigen Blättern. Raschwüchsig, im Alter sicher bis 2 m hoch wachsend. Blaubereifter Blattaustrieb im Frühling.

'Bullata': Locker und unregelmäßig wachsender Strauch mit großen, blasig aufgetriebenen Blättern. Blattfarbe dunkelgrün, Blattaustrieb gelbgrün.

Buxus sempervirens 'Globosa'

Buxus sempervirens 'Handsworthiensis'

Laub: 'Globosa' besitzt bis 3 cm lange und relativ schmale, glänzende Blätter. Die Farbe ist dunkelgrün mit auffälliger heller Mittelrippe.

Wuchs: Die Sorte wächst sehr dichtbuschig, ist fein verzweigt und bildet einen kuppelförmigen, bis 4 m hohen Busch. Durch die geschlossene Wuchsform besteht keine Gefahr, dass einzelne Zweige durch Schneebruch abgeknickt werden können.

Verwendung: 'Globosa' lässt sich gut als Solitär verwenden, ebenso als ruhiger immergrüner Hintergrund in Rabatten und Schattenpflanzungen mit niedrigen Rhododendren.

Laub: 'Handworhtiensis' hat glänzendes, smaragdgrünes Laub mit dunkelgrüner Unterseite und blaugrünem, bereiftem Neuaustrieb. Die Blätter sind auffallend groß und bis 3,5 cm lang, derb ledrig mit nach untem gebogenem Rand.

Wuchs: Die Sorte ist starkwüchsig und erreicht ungeschnitten im Laufe der Jahre eine Höhe von bis zu 5 m. Die Triebe wachsen steif aufrecht.

Verwendung: 'Handsworthiensis' eignet sich hervorragend für hohe Hecken, die extrem dicht werden. Der Schnittaufwand hält sich dabei durch die natürliche Wuchsform sehr in Grenzen. Sehr frosthart!

'Angustifolia': Breitwüchsige Sorte mit locker überhängenden Zweigspitzen, bis 2,5 m hoch wachsend. Kleines, sehr schmales dunkelgrünes Laub mit hellerem Neuaustrieb.

'Myrtifolia': Sehr fein verzweigte Sorte mit graugrünem Laub. Ungeschnitten breit kegelförmiger Wuchs, langsam wachsend, erreicht etwa 1,5 m Höhe. Sehr frosthart!

Buxus sempervirens 'Rotundifolia'

Buxus sempervirens 'Suffruticosa'

Laub: 'Rotundifolia' ist sehr großblättrig, die einzelnen Blätter werden bis zu 3,5 cm lang, sind glänzend und haben eine dunkelgrüne Farbe mit heller Unterseite. Der Neuaustrieb ist etwas heller mit bereifter Oberfläche.

Wuchs: Die Sorte ist starkwüchsig und bildet einen gleichmäßigen, 3 bis 4 m hohen Strauch. Durch die sehr dichte Belaubung ist der Wuchs kompakt und geschlossen.

Verwendung: Lässt sich gut als Sichtschutz und für den Hintergrund von Rabatten sowie für höhere Formgehölze verwenden. Gute Frosthärte!

Laub: 'Suffruticosa' hat kleine, bis 1,5 cm lange Blätter von breit ovaler Form. Der Neuaustrieb ist hellgrün und bereift und bildet im Frühling einen schönen Kontrast zum älteren Laub.

Wuchs: Die Sorte wächst sehr dichtbuschig und erreicht ungeschnitten eine Höhe von höchsten 1 m.

Verwendung: 'Suffruticosa' ist die am häufigsten verwendete Sorte für niedrige Einfassungshecken, denn sie wächst dicht und langsam. Allerdings neigt sie dazu, von Innen heraus zu verkahlen. Die Frosthärte ist ausreichend.

WEITERE SORTEN

'Elegantissima': Besitzt gelb gerandete, ungleichmäßig geformte Blätter. Der Wuchs ist locker aufrecht. Am besten an schattigen Standorten zu verwenden, da empfindlich gegen Wintersonne und Frosttrockenheit.

'Green Gem': Langsam wachsender, dichter Strauch mit smaragdgrünen rundlichen Blättern, etwa 30 bis 50 cm hoch wachsend. Gut geeignet für Formschnitt, besonders für Kugeln.

Buxus microphylla 'Faulkner'

Buxus microphylla 'Herrenhausen'

Laub: 'Faulkner' hat relativ kleine, leuchtend grüne und stark glänzende Blätter, deren Form genau eiförmig ist. Kleine Seitentriebe wachsen aus den Blattachseln und erzeugen auf diese Weise sehr dicht belaubte Sträucher.
Wuchs: Die Sorte wächst breit und dichtbuschig bis zu einer Höhe von 1 m heran. Ungeschnitten wird sie bis zu 2 m breit.
Verwendung: 'Faulkner' eignet sich besonders gut für mittelhohe Hecken, ebenso für den Formschnitt. Auch ungeschnitten ist die Sorte eine Augenweide.

Laub: Das Laub ist graugrün, von schmal lanzettlicher Form und 1,5 bis 2 cm lang. Die Blattenden sind leicht nach unten gebogen, der Neuaustrieb ist hellgrün und bereift. Im Sommer und im Winter bleichen die Blätter leicht aus.
Wuchs: Die Varietät wächst dichtbuschig und breit, etwas unregelmäßig und wird etwa 20 cm hoch.
Verwendung: *Buxus microphylla* lässt sich sehr gut für flächige Unterpflanzungen und an Böschungen verwenden. Für Hecken oder Formschnitt ist er weniger geeignet. Die Frosthärte ist hervorragend!

'Vadar Valley': Breitblättrig, seidig glänzend, mittelgrün mit hellgrünem Neuaustrieb. Wuchs sehr breit, bei 50 cm Höhe bis 2 m breit. Geeignet als Solitär mit Bodendeckerqualitäten. Sehr frosthart.

'Trompenburg': Sorte von *Buxus microphylla*. Lockerer, breit ausladender Wuchs, viel breiter als hoch. Laub klein, hellgrün und matt. Verwendung als Solitär oder in gemischten Strauchgruppen. Sehr frosthart.

Laubgehölze für den Formschnitt

Spindelstrauch
Euonymus fortunei

Gewöhnlicher Efeu
Hedera helix

Wuchs: kriechend, mit aufsteigenden Triebenden, die auch an Bäumen und Mauern empor klettern können, bis 1 m hoch.

Laub: lanzettlich bis eiförmig, klein. Dunkelgrün, bei den Sorten auch panaschiert (weiß-grün oder gelbgrün), immergrün.

Standort: sonnig bis schattig, bevorzugt einen nahrhaften Boden, ist aber sehr tolerant.

Eigenschaften: frosthart, gut schnittverträglich, solange noch nicht verholzt. Lässt sich gut als Bodendecker verwenden. Kann in flächiger Pflanzung als Ersatz für Buchs verwendet werden, besonders die Sorte 'Coloratus', die ihm sehr ähnlich ist. Sehr schön ist auch die Sorte 'Minimus', deren winziges immergrünes Laub von Weitem an Buchs erinnert.

Wuchs: kriechend, auch kletternd mit Hilfe von Haftwurzeln. Die Wuchsleistung ist je nach Sorte sehr unterschiedlich, bis 18 m hoch.

Laub: dunkelgrün, herzförmig, drei- bis fünflappig, sehr variabel. Zahlreiche Sorten haben panaschiertes Laub, auch die Blattgröße variiert stark. Immergrün.

Standort: absonnig bis schattig, panaschierte Sorten vertragen auch sonnigere Standorte. Bevorzugt wintermilde Lagen mit hoher Luftfeuchtigkeit, ist aber sehr tolerant, was den Standort angeht.

Eigenschaften: immergrünes Klettergehölz, mit dem auch Klettergerüste begrünt werden können. Kleinblättrige Sorten lassen sich über Drahtgerüste formieren und erwecken so den Eindruck geschnittener Skulpturen.

Stechpalme, Echte Hülse
Ilex aquifolium

Japan-Hülse, Löffel-Ilex
Ilex crenata

Wuchs: je nach Sorte pyramidal bis ungleichmäßig aufrecht, bis 4 m hoch.

Laub: dunkelgrün, zackig gebuchtet, zum Teil mit spitzen Dornen. Glänzend, immergrün. Laub der einzelnen Sorten sehr variabel, zum Teil panaschiert, auch Formen mit einfachen, eiförmigen Blättern.

Standort: halbschattig bis schattig, bevorzugt geschützte luftfeuchte Standorte.

Eigenschaften: unentbehrlich für die Bepflanzung von schattigen Bereichen. Im Winter attraktiv durch den reichen Fruchtschmuck der weiblichen Pflanzen. Sorten mit geschlossenem Wuchs sind auch für den Formschnitt, besonders für höhere Hecken, geeignet.

Sorten: 'Myrtifolia', langsam wachsend mit kleinen schmalen Blättern; 'Pyramidalis', aufrechter Wuchs.

Wuchs: straff bis locker aufrecht, im Alter auch breiter, bis 2 m hoch.

Laub: oval, klein, frischgrün, immergrün. Die Ränder sind löffelartig umgebogen.

Standort: sonnig bis schattig, vor Wintersonne geschützt. Benötigt einen durchlässigen, möglichst kalkfreien Boden.

Eigenschaften: geeignet zur Unterpflanzung höherer Gehölze, einzeln oder in Gruppen. Sehr schnittverträglich. In letzter Zeit von den Baumschulen als bester Ersatz für Buchsbaum propagiert.

Sorten: 'Convexa' ist besonders frosthart; 'Golden Gem' besticht durch ihre kleinen Blätter und den gelbgrünen Austrieb; 'Blondie' wächst straff aufrecht mit hellgrünem Austrieb.

Kugel-Liguster
Ligustrum ionandrum, syn. *L. delavayi*

Wuchs: dichtbuschig, breit verzweigt, in der Regel bis etwa 1,50 m hoch.
Laub: dunkelgrün, spitz eiförmig, immergrün.
Standort: sonnig bis halbschattig, geschützt. Frosthart nur bis –10° C.
Eigenschaften: dekorative Kübelpflanze, die oft als Hochstämmchen angeboten wird. Empfindlich gegen Trockenheit, treibt aber nach radikalem Rückschnitt wieder gut aus.
Als Ersatz für kleinblättrige Buchsbaum-Sorten ist dieser schnittverträgliche Liguster eine gute Wahl.

Gemeiner Liguster
Ligustrum vulgare 'Atrovirens'

Wuchs: locker aufrecht wachsender Strauch, bis 2 m
Laub: lanzettlich, dunkelgrün; wintergrün.
Standort: sonnig bis schattig, bodentolerant.
Eigenschaften: Diese Sorte zeichnet sich durch einen dichten, kompakten und aufrechten Wuchs aus, der sie ganz besonders zur Heckenpflanze prädestiniert. Außerdem hat sie zuverlässig wintergrünes Laub, das sich bei Kälte dunkel verfärbt. Erst im Frühling, wenn das neue Laub austreibt, verliert sie die alten Blätter. Weitere Vorteile sind die hohe Schattenverträglichkeit und die Eigenschaft, sich gegen Wurzeldruck anderer Gehölze behaupten zu können. Wie normaler Liguster verträgt 'Atrovirens' einen häufigen Rückschnitt und kann im Sommer regelmäßig alle zwei bis drei Wochen in Form geschnitten werden.

Immergrüne Heckenkirsche, Heckenmyrte *Lonicera nitida*

Wuchs: breitbuschig, dicht verzweigt, bis 1,50 m hoch, aber viel breiter.

Laub: klein, frischgrün, eiförmig, immergrün.

Standort: sonnig bis halbschattig, gedeiht auf jedem nicht zu trockenen Boden, kalkliebend.

Eigenschaften: elegantes kleinblättriges Gehölz für Hecken und Gruppenpflanzung. Schnittverträglich, geeignet als Ersatz für mittelhohe Buchshecken. Um dichte Hecken zu erzielen, pflanzt man am besten kleine Pflanzen, die man sehr oft zurückschneidet, um einen dichten Pflanzenaufbau zu erhalten.

Sorten: 'Maigrün' hat helleres Laub und ist frosthärter als die reine Art; 'Hohenheimer Findling' wächst besonders dichtbuschig und hat horizontale Seitenzweige.

Kirschlorbeer
Prunus laurocerasus

Wuchs: aufrecht bis kegelförmig oder flach ausgebreitet, je nach Sorte, bis 3 m hoch und breit.

Laub: elliptisch bis eiförmig, dunkelgrün glänzend; immergrün.

Standort: sonnig bis schattig.

Eigenschaften: ausreichend frosthart, für alle nicht zu trockenen, möglichst humose, Böden geeignet, insgesamt robust.

Sorten: für die Verwendung als Schnitthecken sind folgende Sorten geeignet: 'Herbergii': bis 3 m hoch, langsam wachsend, kegelförmige Wuchsform; 'Schipkaensis Macrophylla': besonders schmalblättrig, Wuchs breit aufrecht, bis 3,5 m hoch; 'Van Nes': besonders winterhart, Wuchs breit aufrecht, bis 3 m hoch.

Nadelgehölze für den Formschnitt

Scheinzypresse
Chamaecyparis lawsoniana

Gemeiner Wacholder
Juniperus communis

Wuchs: schlank aufrecht mit an den Enden leicht überhängenden oder nickenden Triebspitzen. Je nach Sorte 10 bis 15 m hoch.

Nadeln: schuppenförmige Nadeln, je nach Sorte bläulich grün, hell- bis dunkelgrün oder in Gelb- und Goldtönen.

Standort: sonnig bis halbschattig, bevorzugt eher luftfeuchte, nicht zu trockene Standorte.

Eigenschaften: stadtklimafest und frosthart. Durch die hohe Schnittverträglichkeit ideal für Hecken und einfache Formschnittfiguren.

Sorten: 'Green Globe' wächst kugelig und hat eine grüne Benadelung; 'Minima Aurea' wächst ebenfalls flachkugelig und hat gelbgrüne Nadeln. Andere Sorten ('Ellwoodii', 'Columnaris' u. a.) wachsen aufrecht.

Wuchs: aufrecht bis säulenförmig, einige Sorten auch flach mattenartig, bis 5 m hoch in der Natur. Langsam wachsend.

Nadeln: spitze Nadeln, graugrün, immergrün.

Standort: sonnig, wächst auf jedem nicht zu feuchten Boden.

Eigenschaften: sehr frosthart, typische Pflanze der Heidelandschaft. Die Säulenformen lassen sich auch gut für den Formschnitt verwenden.

Sorten: 'Hibernica' ist langsam wachsend und hat überraschend weiche Nadeln; 'Meyer' hat spitz stechende, intensiv blaue Nadeln; 'Barmstedt' ist eher schlank säulenförmig und 'Schneverdinger Goldmachandel' hat goldgelbe Triebspitzen und wächst säulenförmig.

Blauzeder-Wacholder
Juniperus squamata

Berg-Kiefer, Latsche
Pinus mugo

Wuchs: aufrecht, aber unregelmäßig und trichterförmig, bis 5 m hoch. Bleibt durch geeigneten Schnitt aber kompakt und kleiner.

Nadeln: spitze Nadeln, blaugrün, immergrün.

Standort: sonnig, anspruchslos, wächst auf jedem nicht zu feuchten Boden.

Eigenschaften: sehr frosthart, durch die intensiv stahlblaue bis silbrige Benadelung interessant für verschiedenste Pflanzkombinationen mit Rosen, Stauden oder Gräsern.

Sorten: 'Blue Carpet' wächst eher flach und eignet sich auch als Bodendecker und hat besonders blaue Nadeln; 'Blue Star' ist ein Hexenbesen (Sprossmutation) und wächst auffällig kugelig, ideal für Töpfe und Kübel, die spitz stechenden Nadeln sind weiß bereift.

Wuchs: vielstämmig bis baumförmig, sehr variabel. Etliche Sorten auch kompakt, kegelförmig bis kissenwüchsig, bis 6 m hoch, meist jedoch viel niedriger. Manche Sorten werden nur 15 bis 20 cm hoch.

Nadeln: dunkelgrüne Nadeln, radial um den Stängel verlaufend, immergrün.

Standort: sonnig bis halbschattig.

Eigenschaften: gedeiht auf fast allen Böden, frosthart. Sehr schnittverträglich, wird gerne für so genannte Garten-Bonsai verwendet.

Sorten: 'Humpy' ist kurznadelig und wächst kompakter und niedriger; 'Mops' hat einen mehr kissenförmigen Wuchs; 'Winzig' ist eine Sprossmutation (Hexenbesen) und eignet sich besonders für Veredelungen auf Hochstämmchen.

Abendländischer Lebensbaum
Thuja occidentalis

Eibe
Taxus baccata

Wuchs: mittelhoher, kegelförmig wachsender Baum, im Alter 15 bis 20 m hoch.

Nadeln: schuppenförmig, dachziegelartig angeordnet, immergrün. Rötlichbraune Verfärbung im Winter.

Standort: sonnig bis absonnig. Frosthart, stadtklimafest und gedeiht auch in windexponierten Lagen.

Eigenschaften: äußerst anpassungsfähig, lediglich sehr trockene Böden werden schlecht vertragen. Verträgt auch radikalen Rückschnitt und regeneriert sich in kürzester Zeit. Hecken aus Lebensbäumen gehören zu den beliebtesten Sichtschutzpflanzungen.

Sorten: ‘Brabant’ zeichnet sich durch eine gleichmäßige Säulenform aus und behält auch im Winter die frischgrüne Farbe. Im freien Stand wird sie 15 bis 20 m hoch, kann aber als Hecke in gewünschter Höhe geschnitten werden. ‘Smaragd’ eignet sich hervorragend für Hecken und wird nicht höher als 4 bis 6 m.

Wuchs: kleiner bis mittlerer Baum mit unregelmäßiger Krone, im Alter 10 bis 15 m hoch werdend, aber langsam wachsend.

Nadeln: dunkelgrün, weich, immergrün.

Standort: sonnig bis schattig, jeder nicht zu trockene Boden, bevorzugt Kalk.

Eigenschaften: klassisches Gehölz für immergrüne, streng geschnittene Hecken. Eiben sind frosthart und nur in ungünstigen Lagen etwas spätfrostgefährdet. Die ganze Pflanze ist giftig! Besonders die Engländer pflegen die hohe Kunst der „Topiary Gardens“, bei der Eiben zu kunstvollen Figuren geschnitten werden, außerdem werden Eiben gerne zur Untergliederung von Gartenräumen verwendet.

Sorten: ‘Semperaurea’ wächst breit aufrecht und dichtbuschig, langsam wachsend, 3 bis 4 m hoch und eignet sich für niedrige Hecken.

BEZUGSQUELLEN

Schlossgärtnerei Lützow
Rosenower Str. 2
19209 Lützow
www.schlossgaertnerei-luetzow.de

Baumschule Lorenz von Ehren
Mahlfeldstr. 4
21077 Hamburg
www.lve.de

Eggert Baumschulen
Baumschulenweg 2–6
25594 Vaale
www.eggert-baumschulen.de

Baumschule Atrops
Feldstr. 12
47509 Rheurdt
www.baumschule-atrops.de

Baumschule Huben
Schriesheimer Fußweg 7
68526 Ladenburg
www.huben.de

Baumschule Wörlein
Baumschulenweg 9
86911 Dießen/Ammersee
www.woerlein.de

flora toskana
Böfinger Weg 10
89075 Ulm
www.flora-toskana.de

PFLANZENSCHUTZBERATUNG

Amtliche Pflanzenschutzberatung
(www.pflanzenschutzdienst.de)

Sachsen
Sächsische Landesanstalt für Landwirtschaft
Fachbereich Integrierter Pflanzenschutz, Referat 63
Alttrachau 7
01139 Dresden

Berlin
Pflanzenschutzamt Berlin
Mohriner Allee 137
12347 Berlin

Brandenburg
Landesamt für Verbraucherschutz, Landwirtschaft
und Flurneuordnung
Pflanzenschutzdienst
Ringstr. 1010
15226 Frankfurt(Oder)-Markendorf
www.lmur.brandenburg.de

Mecklenburg-Vorpommern
Landespflanzenschutzamt
Graf-Lippe-Str. 1
18059 Rostock
www@lps.mvnet.de

Hamburg
Institut für Angewandte Botanik
Pflanzenschutzamt Hamburg
Ohnhorststraße 18
22609 Hamburg
www.pflanzenschutzamt-hamburg.de

Schleswig-Holstein
Pflanzenschutzamt
Westring 383
24118 Kiel

Bremen
Senator für Umweltschutz und Stadtentwicklung,
Pflanzenschutzdienst
Große Weidestr. 4–16
(Postanschrift: Hanseatenhof 5)
28195 Bremen

Lebensmittelüberwachungs-, Tierschutz- und
Veterinärdienst Bremen
Findorffstr. 101
28215 Bremen

Niedersachsen
Landwirtschaftskammer Weser-Ems
Pflanzenschutzamt
Sedanstraße 4
26121 Oldenburg
www.lwk-we.de

Landwirtschaftskammer Hannover
– Pflanzenschutzamt –
Wunstorfer Landstraße 9
30453 Hannover
www.lwk-we.de

Hessen
Regierungspräsidium Gießen
Pflanzenschutzdienst Hessen
Schanzenfeldstr. 8
35578 Wetzlar
www.rp-giessen.de

Sachsen-Anhalt
Landespflanzenschutzamt
Lerchenwuhne 125
Tel.: 03 91 / 25 69-450 bis -453

Nordrhein-Westfalen
Landwirtschaftskammer Nordrhein-Westfalen
Pflanzenschutzdienst Siebengebirgsstraße 200
53229 Bonn
E-Mail: Pflanzenschutzdienst@lwk.nrw.de

Rheinland-Pfalz
Dienstleistungszentrum für den ländlichen Raum
(DLR) Rheinhessen-Nahe-Hunsrück
Rüdesheimer Str. 60–68
55545 Bad Kreuznach

Saarland
Landwirtschaftskammer für das Saarland
– Pflanzenschutzamt –
Dillinger Str. 67
66822 Lebach
www.lwk-saarland.de

Baden-Württemberg
Landesanstalt für Pflanzenschutz
Reinsburgstr. 107
70197 Stuttgart
www.lfp-bw.de

Bayern
Bayerische Landesanstalt für Landwirtschaft
Institut für Pflanzenschutz
Lange Point 10
85354 Freising
www.lfl.bayern.de

Staatliche Fachschule für Agrarwirtschaft
Veitshöchheim
Bayrische Gartenakademie
An der Steige 15
97209 Veitshöchheim

Thüringen
Thüringer Landesanstalt für Landwirtschaft
Sachgebiet Pflanzenschutz
Kühnhäuser Str. 101
99189 Erfurt-Kühnhausen
www.tll.de

Nützlinge

Katz Biotech AG
An der Birkenpfuhlheide 10
15837 Baruth
www.floranuetzlinge.de

ÖRE Bio-Protect GmbH
Neuwührener Weg 26
24223 Raisdorf
www.nuetzlingsberater.de

re-natur GmbH
Kräuter Park
Am Pfeifenkopf 9
24601 Stolpe
www.re-natur.de

W. Neudorff GmbH KG
Abt. Nutzorganismen
Postfach 12 09
31857 Emmerthal
www.neudorff.de

AMW Nützlinge GmbH
Ausserhalb 54
64319 Pfungstadt
www.amwnuetzlinge.de

STB-Control
Triebweg 2
65326 Aarbergen
www.stb-control.de

Sautter & Stepper GmbH
Rosenstr. 19
72119 Ammerbuch
www.nuetzlinge.de

Katz Biotech AG
Beratungsstandort Süd
Industriestr. 38
73642 Welzheim
www.katzbiotech.de

Hatto und Patrick Welte
Maurershorn 10
78479 Insel Reichenau
www.welte-nuetzlinge.de

Andermatt Biocontrol AG
Stahlermatten 6
CH-6146 Großdietwil
www.biocontrol.ch

REGISTER

halbfette Seitenzahlen verweisen auf Abbildungen

REGISTER

Mit 112 Farbfotos von:

Katharina Adams, Linnich-Hottorf: 1, 11, 12, 19, 23, 38, 44, 47, 63 re

Jürgen Becker, Hilden: 16, 45

Ursel Borstell, Essen: 46 alle 3

Florapress Agency, Hamburg: 24, 29 re, 30, 59, 67 re, 68 li

Gartenschatz, Stuttgart: 29 li, 32 alle 3, 33 alle 3, 49 alle 3, 64 li, 66 beide, 67 li, 68 re, 69 beide, 70 beide, 71 beide, 72 beide

Martin Haberer, Nürtingen: 63 li

Mein schöner Garten/Bodo Butz, Offenburg: 30, 41, 42 alle 5, 43 alle 3, 48

Mein schöner Garten/Roland Krieg, Offenburg: 61, 62 re, 64 re, 65 beide

Wolfgang Redeleit, Bienenbüttel: 25, 26, 28, 37, 39, 60

Reinhard Tierfoto/Hans Reinhard, Heiligkreuzsteichach-Eiterbach: 2/3, 5, 7, 8, 9, 10, 13, 15, 17, 21, 22, 25, 62 li

Reinhard Tierfoto/Nils Reinhard, Heiligkreuzsteichach-Eiterbach: 6, 18, 24, 36

Manfred Ruckszio, Taunusstein: 20

Friedrich Strauß, Au/Hallertau: 27, 51

Annette Timmermann, Kalübbe: 31, 34, 52

Andreas Vietmeier, Münster: 53 beide, 54 beide, 55 beide, 56 beide, 57, 58 beide

4 Illustrationen von **Horst Lünser,** Berlin: 50 alle 4

Umschlaggestaltung von Atelier Reichert, Stuttgart, unter Verwendung eines Fotos von Dufour Brigette Dit Noun/Garden Picture Library